Dieter Bachmann
Traut euch, träumt!

W0230750

DIETER BACHMANN

TRAUT EUCH, TRÄUMT!

*Lektionen eines
Lehrers, den man gerne
gehabt hätte*

ullstein extra

Aus dramaturgischen Gründen wurden einige Ereignisse und Erlebnisse in diesem Text komprimiert und zusammengeführt. Zum Schutz der Privatsphäre wurden außerdem viele der handelnden Personen verfremdet oder fiktionalisiert.

Ullstein extra ist ein Verlag der Ullstein Buchverlage
www.ullstein-buchverlage.de

1. Auflage April 2023
© Ullstein Buchverlage GmbH, Berlin, 2023
Unter Mitarbeit von Astrid Herbold und
redaktioneller Unterstützung von Hannah Golin
Satz und Repro: LVD GmbH, Berlin
Gesetzt aus der Scala OT
Druck und Bindearbeiten: ScandBook, Litauen
ISBN 978-3-86493-233-5

Für meine Schülerinnen und Schüler, die mir in dreißig Jahren Lehrersein ihre Lebensfreude geschenkt und mir geholfen haben über mich hinauszuwachsen.

INHALT

VORWORT 9

1 Etikettenschwindel 11

2 Meine Straße, meine Heimat – aber
nicht meine Schule 23

3 Oma ist die Beste 33

4 Antiautoritäres Intermezzo 41

5 Lernen von den Meistern 49

6 Du musst brennen, um andere entzünden
zu können 57

7 Verträumte Motorradmärchen Teil I 65

8 Goethe, Potter und die Leseteppiche 71

9 Kräfte bündeln und Teams bilden 81

10 Nachts im Klassenzimmer 89

11 Bis alle satt sind 99

12 Motorradmärchen Teil II 109

13 Musik ist der kürzeste Weg zum Glück   113

14 Apfelbaum-Pädagogik   123

15 Kaninchen in der Dämmerung   135

16 Neinsagen als Liebeserklärung   141

17 Rituale – ein Echo des Lebens   151

18 Motorradmärchen Teil III   163

19 Lebt lieber gefährlich   167

20 Mein Lehrer-Blues   175

21 Das summende Klassenzimmer oder die Liebe zu unserem Blauen Planeten   185

22 Ein herrlicher Albtraum   195

23 Frau Wiese oder die Magie des Lobes   201

24 Noten, die harte Währung der Schule   207

25 Der Samowar im Klassenzimmer   219

26 Die Kinder von Stadtallendorf   227

EIN PAAR SCHLUSSGEDANKEN   239

NACHWORT   245

DANK   249

ANHANG   253

VORWORT

Ich wollte eigentlich nie Lehrer werden.

Alles andere schon eher: Soziologe. Musiker. Steinbildhauer. Künstler. Aber doch nicht: Pädagoge.

Ich bin da irgendwie so reingerutscht.

Dann weggerannt.

Zehn Jahre später zurückgekommen. Immer noch skeptisch.

Anfangs war ich kein guter Lehrer. Ich wusste ja gar nicht, was das ist, ein guter Lehrer. Als Schulkind in den 1950ern, 1960ern hatte ich jedenfalls keinen getroffen.

Aber ich habe es rausgefunden. Langsam, im Laufe vieler Jahre.

Dank meiner Schülerinnen und Schüler. Sie haben mir den Weg gezeigt.

Ich sah, ich lernte, ich verstand.

Am Ende fand ich mein Glück – und den tollsten Beruf der Welt.

Als die Rente kam, mussten sie mich praktisch aus dem Klassenzimmer raustragen. Ich wollte nicht gehen!

Ich dachte: Es gibt doch noch so viel zu tun. In- und außerhalb der Schule.

So viel, wovon wir gemeinsam träumen können.

Das folgende Buch liefert kein fertiges Konzept, keine pädagogische Theorie. Es versammelt lediglich Puzzlestücke aus meinem Leben. Geschichten, Bilder – kleine Fotografien, mit denen ich die Ahnung verbinde, dass sie vielleicht für das Gesamtbild des Lehrers Bachmann wichtig sind und dem einen oder anderen etwas über den Umgang mit Kindern verdeutlichen. Ich weiß noch nicht, welches bunte Gemälde sich daraus ergibt. Ich werde jetzt einfach mal loslegen mit dem Erzählen. Und dabei immer an meine Schüler denken:

»Herr Bachmann, wir hören Ihnen gerne zu. Hauptsache, es ist nicht langweilig.«

1

ETIKETTENSCHWINDEL

Ende August, das neue Schuljahr hat begonnen. Mein erstes mit festem Arbeitsvertrag, seit ich dem Schulsystem vor vielen Jahren den Rücken gekehrt habe. Ich bin also wirklich zurück. Diesmal sogar als Beamter – wer hätte das gedacht. Ich darf mich jetzt offiziell Klassenlehrer einer siebten Klasse im Hauptschulzweig einer Gesamtschule in Mittelhessen nennen. Die Lehrer-Neulinge an unserer Gesamtschule kriegen immer automatisch die Hauptschulklassen zugeteilt, weil die sonst keiner unterrichten will. Macht mir persönlich aber nichts aus, ich fühle mich in der Hauptschule wohler als am Gymnasium.

Schwungvoll betrete ich das karge Klassenzimmer. Zehn Schritte bis zum Pult, Tasche hinstellen, in Gedanken noch mal die Kennenlernspiele für heute Vormittag durchgehen. Ich freue mich.

Viele der 13-jährigen Schülerinnen und Schüler, die ich nun jeden Tag in Deutsch, Mathe und Sport unterrichten soll, kenne ich schon vom letzten Schuljahr, von meinen Vertretungsstunden als Aushilfslehrer. Alles nette Kinder, wach, lebhaft, neugierig. Jetzt lastet allerdings deutlich mehr Verantwortung auf mir: Werden wir als Gruppe zusammenwachsen, werde ich jedem und jeder gerecht werden? Einige Jahre gemeinsamen Lebens und Arbeitens beginnen heute um 8:00 Uhr, ein wahrlich großer Moment für uns. Mir kommt Rod Stewart in den Sinn: *The first cut is the deepest.* Und ich will als Klassenlehrer meiner neuen Klasse keinen Kummer machen, sondern einen guten ersten Eindruck hinlegen.

Während ich reingekommen bin, haben mich die anwesenden Jungs, viele von ihnen mit türkischen, arabischen oder osteuropäischen Wurzeln, schon freundlich begrüßt. Ihre pubertären Stimmen rangieren von dunkel tief bis hellkieksig:

»Morgen, Herr Bachmann!«

Vom Sehen kenne ich sie fast alle. Mit den meisten habe ich vor den Sommerferien schon auf dem Schulhof Fußball gespielt. Ich bin ein begeisterter Straßenkicker – und nutze in der Schule jede Gelegenheit, um bei den Kindern mitzuspielen. Nicht immer halte ich mich dabei ganz korrekt an die Pausenzeiten.

»Morgen«, nicke ich.

Noch ein paar Sekunden bis zum Unterrichtsbeginn.

Aber Moment mal. Ich stutze. Irgendwas stimmt hier im Raum nicht.

Irgendwas – fehlt.

Im ersten Moment komme ich nicht direkt drauf. Plötzlich fällt es mir wie Schuppen von den Augen:

»Hey, Jungs! Wo sind denn die Mädchen?«

Die Hälfte der Plätze ist leer. Die Schüler schauen sich erst verlegen gegenseitig an, dann blicken sie zu mir. Bis einer schließlich gesteht:

»Herr Bachmann, die Mädchen sind im Gebüsch. Die wollen nicht kommen.«

»Im Gebüsch? Die wollen nicht kommen?«

Ich verstehe gar nichts mehr.

»Die haben keinen Bock auf Hauptschule«, erklärt mir Harun, dessen Cousine laut meiner Klassenliste eigentlich auch hier sitzen sollte.

Ich zögere keine Sekunde.

»Okay, Harun, zeig mir das Gebüsch.«

Den Rest der Jungs schicke ich auf den Schulhof, eine Runde kicken. Die erste Schulstunde muss warten.

Dann mache ich mich auf die Suche nach den verlorenen Mädchen.

Jetzt muss ich kurz ein bisschen ausholen: An der Georg-Büchner-Gesamtschule in der kleinen, industriell geprägten Kreisstadt Stadtallendorf in Hessen, an der ich unterrichte, gibt es für Fünft- und Sechstklässler eine sogenannte Förderstufe. Im Grunde genommen ist das eine erweiterte zweijährige Grundschulzeit, in der Kinder mit unterschiedlichen Leistungsniveaus zusammengewürfelt sind. In manchen Bundesländern, Berlin etwa, dauert die Grundschulzeit grundsätzlich sechs Jahre, dort ist das also ganz normal.

Am Ende der sechsten Klasse fällt dann eine schwerwiegende Entscheidung: Die Kinder werden in die Haupt- oder Realschule oder in den Gymnasialzweig eingestuft. Die Klassen werden entsprechend neu geteilt. Ab der siebten Klasse ist also klar, in welcher Schublade man steckt. Zwar kann theoretisch auch ein Hauptschüler später in der zehnten Klasse noch einen Realschulabschluss schaffen und danach in die gymnasiale Oberstufe wechseln. Praktisch kommt das aber so gut wie nie vor.

Wir Lehrer wissen das – und die Kinder wissen es auch.

Harun hat mich mittlerweile quer über den Schulhof zu einer Reihe von Sträuchern geführt. Ich gehe in die Knie und luge zwischen den Zweigen hindurch. Tatsächlich, da zwischen den Blättern hocken sie auf der staubigen Erde, die Knie angezogen, die Köpfe auf die Arme gelehnt. Sechs türkische Mädchen, die eigentlich fröhlich in meinem Klassenzimmer sitzen sollten.

Harun und ich setzen uns vor die schluchzende Gruppe und können es beide nicht fassen. Unmerklich rückt Harun noch ein paar Zentimeter näher an mich heran, als wolle er sich anlehnen. Ohne dass er etwas sagt, spüre ich, dass auch er Trost braucht. Der sonst so coole Junge ist kurz davor, ebenfalls die Fassung zu verlieren. Später wird er mir sagen, dass er seine Cousine Sibel, die lustige, vorlaute, aufgeweckte Sibel, noch nie so traurig gesehen hat.

Lange passiert nichts.

Wir sitzen einfach da. Schauen uns an.

Was soll ich auch sagen? Der Kloß in meinem Hals ist auf die Größe eines Fußballs angeschwollen. Sind das wirklich dieselben selbstbewussten und intelligenten Mädchen, die ich vom Schulhof kenne? Die Freundinnen, bei denen sonst eine die andere an Energie und Lebensfreude überstrahlt? Aus ihren geröteten Augen schaut mich nun pure Verzweiflung an. Und langsam steigt die Wut in mir auf.

Eine sehr große Wut.

»Harun, hol auch noch die Jungs her! Alle!«

Harun versteht nicht, worauf ich hinauswill, rennt aber sofort los.

Kurz darauf sitzt die gesamte 7c mit mir im Gebüsch.

Ich weiß natürlich, was die Kinder umtreibt. Sie haben heute, an ihrem ersten Schultag der siebten Klasse, zum ersten Mal die volle Härte des deutschen Schulsystems erlebt. Sie haben kapiert: Da ist ein System, das sortiert und aussortiert. Ein System, das ihnen unmissverständlich mitgeteilt hat: Du bist akademische Resterampe. Mehr als einen Hauptschulabschluss traut dir niemand zu. Wenn du Glück hast, wirst du eines Tages einen Job finden, bei dem du Mindestlohn verdienst. Wenn du Pech hast, braucht dich überhaupt niemand.

Eine brutale Botschaft.

Daher bin ich ja auch so wütend.

Und ich wundere mich im Stillen: Warum sind diese Mädchen überhaupt in meiner Hauptschulklasse gelandet? Eigentlich sind sie alle sehr aufgeweckte Schülerinnen. Und uns im Kollegium ist bewusst, dass Mädchen die Herabstufung auf Hauptschulniveau meistens persönlicher nehmen als die Jungs. Viele Mädchen definieren sich über ihre Schulleistungen – und zweifeln umgekehrt schneller an ihren Fähigkeiten. Der Mehrheit der Jungs, so habe ich es jedenfalls oft erlebt, ist es eher egal, was die Lehrer von ihnen halten. Oder jedenfalls tun sie so.

Meine Devise als Lehrer lautete immer: Diese Kinder sind nicht dumm! Sie brauchen nur ein bisschen mehr Zeit und sollten möglichst lange zusammen lernen. Denn worin bestehen die gängigen Probleme, mit denen die Schülerinnen und Schüler an unserer Schule kämpfen? Meistens sind es lediglich sprachliche Hürden. Viele der Kinder stammen aus türkischen Familien, die in zweiter oder dritter Generation in Hessen ansässig sind. Ihr Dilemma: Sie sind weder in der einen noch in der anderen Sprache richtig zu Hause. Die Kinder sprechen Deutsch fehlerhaft – aber sie sprechen auch nur schlecht Türkisch. Außerdem müssen sie permanent zwischen zwei Sprachen (und zwei Kulturen) hin und her wechseln.

Was macht das mit einem Menschen, wenn er keinen sicheren sprachlichen Boden unter den Füßen hat? Keinen verlässlichen Code der Verständigung besitzt? Wenn Kommunikation immer mühsam ist?

Die daraus entstehende Abstiegsspirale, die nun auch Sibel und ihre Freundinnen zu erfassen droht, habe ich im Laufe meines Berufslebens oft beobachtet: Bei Schülern, die aus bildungsfernen Schichten kommen, akkumulierten die Defizite in den Hauptfächern Jahr um Jahr. Parallel werden die Noten immer schlechter. Logisch, was dann passiert: Die Motivation sinkt, das Selbstbewusstsein leidet, und bald glauben die Kinder selbst, dass sie zu blöd seien, um mit den anderen mithalten zu können. Wer einmal dermaßen ins Rutschen kommt, kann am Ende froh sein, überhaupt noch halbwegs glimpflich aus der Schule herauszukommen.

Dazu kommt: Meine Schüler haben in der Regel null Hilfe zu Hause. Es gibt keine privat bezahlten Nachhilfelehrer. Auch keine Eltern oder Großeltern mit akademischen Abschlüssen, die mal etwas hätten erklären können.

Und noch eine Entwicklung benachteiligt diese Kinder: Der Unterricht in fast allen Fächern wurde in den letzten Jahrzehnten extrem versprachlicht. Auch für Mathe braucht man beispielsweise sehr gute Deutschkenntnisse. Die Kinder sollen ständig mathematische Abläufe in Worten erklären können: So lauten die neuen Kompetenzbestimmungen. Wir Lehrer sind deshalb verpflichtet, neben Rechen- auch Rechtschreibfehler anzustreichen. Auch wenn es eigentlich gerade um die Beantwortung einer mathematischen Sachaufgabe geht. Die Rechenkünste der Kinder sind dabei fast zweitrangig.

Grundsätzlich ist das eine gute Entwicklung des Fachs und stärkt sicher auch das tiefere mathematische Verständnis. Für Kinder nicht deutscher Herkunft ist es aber ein Problem. Trotzdem kann man mit Zuwendung und binnendifferenzierter Förderung viel auffangen. Man braucht dafür aber Zeit – und darf die Kinder eben nicht durch zu frühe Selektion entmutigen.

Sibel und ihre Freundinnen hatten, wie sie da im Gebüsch weinend vor mir saßen, keine Worte für das, was ihnen gerade widerfuhr. Aber sie spürten genau, was die Hauptschuleinstufung für ihr weiteres Leben bedeuten könnte. Darunter kam nur noch die Förderschule. Früher: Hilfs- oder Sonderschule. Das war absolute »Endstation« und »Müllhalde« in den Augen der Kinder. Die Eltern, egal wie bildungsfern, sahen das oft ähnlich.

Dazu passt eine kleine, traurige Geschichte, die ich einige Jahre später erlebte: Die Georg-Büchner-Gesamtschule liegt nur rund 800 Meter von der städtischen Förderschule in Stadtallendorf entfernt. Auch von unserer Schule wechselten immer wieder mal Kinder auf die Förderschule. Das betraf oft die, die bei uns bereits inklusiv beschult worden waren, also Mädchen und Jungen mit Förderstatus und Lernschwierigkeiten.

Einmal lief ich zufällig an der Förderschule vorbei und sah auf dem Schulhof einen ehemaligen Georg-Büchner-Schüler.

»Was machst du denn hier?«, fragte ich ihn erstaunt.

Der Junge zuckte zusammen.

»Herr Bachmann, erzählen Sie bitte niemandem, dass ich hier bin.«

In dem Moment gesellten sich zwei seiner Freunde zu uns, ich kannte sie ebenfalls vom Sehen. Auch ihnen war es sichtbar unangenehm, mich hier zu treffen.

»Herr Bachmann, wir schämen uns so, deshalb gehen wir jeden Morgen schon um sieben Uhr von zu Hause los.«

»Warum denn das?«

»Weil doch der Weg von der Bushaltestelle zur Förderschule an der Georg-Büchner vorbeiführt! Und wir wollen nicht, dass uns jemand sieht.«

Sie erklärten mir, dass ihre ehemaligen Freunde, die mittlerweile alle auf ihren Haupt- oder Realschulabschluss zusteuerten, nicht mitkriegen sollten, wo sie gelandet waren.

»Die machen uns sonst fertig.« Und auch ihre Familien seien dann entehrt.

Nachdem der Dokumentarfilm *Herr Bachmann und seine Klasse* von Maria Speth 2021 in die Kinos gekommen war und zahlreiche Preise gewonnen hatte, wurde ich oft zu Interviews eingeladen. In der ZDF-Kultursendung *aspekte* fragte mich die Moderatorin sinngemäß: »Wie bügelt man diese soziale Benachteiligung und die fehlende Chancengleichheit aus?«

»Das kann man nicht ausbügeln«, antwortete ich. »Aber man kann den Kindern Räume geben.«

So habe ich meine Rolle als Lehrer immer verstanden: Ich möchte die Kinder dazu bringen, dass sie ihr Leben und die (möglicherweise wenigen) Chancen, die es ihnen bietet, in die eigene Hand nehmen. Dass sie mutig werden und voller Zuversicht in die Zukunft blicken. Dass sie ihr eigenes Potenzial erkennen. Manchmal bin ich damit trotz aller Anstrengungen gescheitert: Die Kinder fanden keinen Zugang zu ihren Fähigkeiten. Aber sehr viele meiner Schülerinnen und Schüler, denen man anfangs nur die Hauptschule zugetraut hatte, schafften am Ende den Realschulabschluss.

Aber jetzt noch mal zurück ins Gebüsch, wo ich immer noch mit der 7c sitze.

Zwei Dutzend intelligente Augenpaare sind auf mich gerichtet. Was wird Herr Bachmann sagen? Wie will er uns trösten?

Man sollte Kinder nicht anlügen. Und ihnen auch nichts versprechen, was man nicht halten kann. Ich überlege lange, wühle tief in meiner inneren Zauberkiste.

Bis mir schließlich eine Idee kommt:

»Ob ihr es glaubt oder nicht, ich bin ja eigentlich studierter Gymnasiallehrer. Nicht so wie die meisten anderen Lehrerinnen und Lehrer an der Georg-Büchner-Schule. Die sind von der Ausbildung her Haupt- und Realschullehrer. Ich aber nicht.«

Skeptische Blicke. »Na und?«, scheinen sie zu sagen.

Ich lege nach: »Also, was ich damit meine: Ich kann alle Schulformen unterrichten. Ganz, wie es mir gefällt.«

Noch immer wissen die Kinder nicht genau, worauf ich hinauswill. Aber ich habe zumindest ihre Neugier geweckt.

»Wir könnten«, ich lasse absichtlich eine kleine Spannungspause, »zum Beispiel einfach eine gemischte Haupt- und Realschulklasse sein. Alles unter einem Dach. Im Nachbarort gibt's das schon. Was haltet ihr davon?«

»Ja!«, jubelt es mir entgegen.

Selbst die Mädchen lächeln wieder. »Gemischt« und »Realschule« klingt in ihren Ohren ziemlich gut.

»Na, dann hätten wir das ja geklärt«, sage ich und klatsche aufmunternd in die Hände.

Gesagt, getan. Nun musste ich die kleine Planänderung nur noch dem Schulleiter mitteilen: Die 7c ist ab sofort eine Hybridklasse, Haupt- und Realschulzweig parallel. Leider konnte er es aus allerlei formalen Gründen offiziell nicht genehmigen. Doch davon ließ ich mich überhaupt nicht beirren, sondern klopfte direkt beim Hausmeister an, mit dem ich mich sehr gut verstand: »Wir brauchen ein neues Türschild. Da muss jetzt stehen: 7c, gemischte Haupt- und Realschulklasse.«

Nach wenigen Minuten war alles erledigt. Und vor mir saßen wieder lauter fröhliche Kinder. Nichts war anders, und doch war alles anders. Das Schild war einfach nur ein Stück Papier, das niemanden außerhalb unseres Klassenzimmers interessierte. Aber für die Schülerinnen hatte es eine große symbolische Bedeutung: Wir hatten die Schublade, in der wir für die nächsten Jahre gemeinsam steckten, eigenmächtig umbenannt.

Das allein reichte schon.

Mein restlicher Unterricht fiel an dem Tag natürlich aus.

Stattdessen spendierte ich eine Runde Eis für alle, und wir genossen draußen die Spätsommersonne. Manchmal muss man eben Prioritäten setzen.

2

MEINE STRASSE, MEINE HEIMAT – ABER NICHT MEINE SCHULE

Wie es mit den Kindern der 7c weiterging? Fantastisch!

Einige Jungs und vier der sechs Mädchen schafften am Ende der neunten Klasse nicht nur ihren erweiterten Hauptschul-, sondern ein Jahr später auch noch den Realschulabschluss. Einer ist Polizist geworden, ein anderer hat eine Elektrikerlehre gemacht. Auch die Mädchen fanden ihren Weg. Eine machte eine Ausbildung zur Zahnarzthelferin und arbeitet bis heute in dem Beruf. Aber ganz egal, wo sie mittlerweile als junge Erwachsene gelandet sind – an unseren Vormittag im Gebüsch werde ich mich immer erinnern. Vor allem an den Moment, als Sibel und ihre Freundinnen wieder ihr schönstes Lächeln in den Augen hatten.

Warum hat mich die Szene damals so berührt? Weil ich soziale Selektion selbst früh erlebt habe. Nicht am eigenen Leib, aber bei vielen meiner besten Freunde. Keiner von ihnen bekam am Ende der Grundschulzeit eine Gymnasialempfehlung, keiner schaffte einen höheren Schulabschluss.

Der Grund war nicht fehlender Ehrgeiz oder mangelnde Intelligenz – sondern schlechte Deutschkenntnisse. Und das wiederum hatte rein gar nichts mit einem Migrationshintergrund zu tun, im Gegenteil.

Ich bin in den späten 1950er-Jahren in Rottweil, einer Kreisstadt zwischen Schwäbischer Alb und Schwarzwald, zur Grundschule gegangen. Keines der Kinder, die dort aufwuchsen, beherrschte Hochdeutsch. Sie verstanden alle nur breitesten Dialekt, also die Umgangssprache ihrer Eltern und Großeltern. Doch das brach ihnen schulisch das Genick.

Dass ich eine Ausnahme war, der einzige Junge, der zum Gymnasium durfte, das habe ich lediglich einem biografischen Zufall zu verdanken. Geboren und in den ersten Jahren aufgewachsen bin ich in der Kohle- und Industriestadt Bochum, und da spricht man halbwegs ordentliches Hochdeutsch, nur durchzogen von ein bisschen Ruhrpott-Platt.

Als ich sieben Jahre alt war, verwirklichte sich mein Vater einen alten Lebenstraum und siedelte mit der ganzen Familie nach Süddeutschland um. Im Zweiten Weltkrieg war er Soldat der Wehrmacht gewesen, hatte mit den Nazis in Afrika gekämpft, dann etliche Jahre in amerikanischer Gefangenschaft verbracht. Damals muss mein Vater beschlossen haben, dass er auf keinen Fall sein Leben lang im Ruhrgebiet hängen bleiben will. Er sehnte sich wohl nach Bergen und Wäldern. Wir, meine Mutter, meine Schwester und ich, wurden nicht gefragt.

An meiner Grundschule in Rottweil beherrschten nicht mal die Lehrer Hochdeutsch. Alle schwätzten schönsten alemannischen Singsang. Obwohl der Dialekt allgegenwärtig war, galt er als restringierter Code, als Makel und Sprechweise der Unterschicht. Ich – der Zugezogene – »glänzte« dagegen mit der elaborierten Sprache der Gebildeten. In Mathe waren meine Freunde und ich ähnlich gut, aber in Deutsch heimste ich regelmäßig Zweien und Einsen ein, während meine Banknachbarn nur Fünfen und Sechsen reingeknallt bekamen. Denn fehlerfreie deutsche Schriftsprache fiel ihnen natürlich extrem schwer.

Auch am Gymnasium war ich im Fach Deutsch zunächst noch im Vorteil. Denn am liebsten ließ uns unser Lehrer – ein alter Nazi, unmotiviert und aufbrausend – sogenannte dialektische Aufsätze schreiben. Morgens kam er ins Klassenzimmer reinmarschiert: »Ruhe! Hefte raus!« Wahrscheinlich hatte er sich das Thema auf den wenigen Metern zwischen Lehrerzimmer und Klassenraum überlegt. Viel Mühe in die Vorbereitung seines Unterrichts investierte er jedenfalls nicht.

»Ihr schreibt jetzt einen Aufsatz zu dem Thema: Ferien im Gebirge oder Ferien am Meer? These, Antithese, Synthese.«

So oder ähnlich klang der Quatsch, den wir ohne jegliche Vorbereitung oder Erklärung argumentativ bearbeiten mussten. Heute kann man so zum Glück nicht mehr unterrichten. Die Kinder müssen vorher wissen, was bei einem benoteten Test behandelt wird. Unsere Lehrer griffen ihre Themen oft einfach aus der Luft, vielleicht weil sie zufällig etwas in der Zeitung gelesen hatten. Zack, wurde das halt zum Aufsatzthema erklärt.

Wie man sich denken kann, konnten meine Freunde in der Grundschule zu solchen Themen keinen geraden Satz schreiben. Geschweige denn, dass einer von ihnen jemals

Urlaub am Meer gemacht hatte. Über die Schwäbische Alb war niemand in Rottweil je hinausgekommen – so, wie ich es Jahrzehnte später bei vielen meiner Hauptschüler auch erlebte. Auch da fuhren die Familien aus Geldmangel in den Sommerferien nicht weg. Oder wenn, dann nur »nach Hause«, zur Verwandtschaft in die Türkei, in Marokko oder Bulgarien.

Unser Deutschlehrer in der Grundschule hatte nicht das geringste Verständnis für die Lebensumstände seiner Schüler. Im Gegenteil, er machte vor allem die Jungs vor der gesamten Klasse dafür fertig, wie »dumm« sie angeblich waren und wie »schlecht« ihre Aufsätze mal wieder gewesen seien. Er wiederholte das über die Jahre so oft, bis die Kinder selbst daran glaubten, dass die Schule nicht der richtige Ort für sie sei. Über einen Volksschulabschluss kam kaum einer meiner Freunde hinaus. Danach versetzte ihnen das Schulsystem einen Arschtritt, ade, weg mit euch, geht schaffe.

Ich habe früh verstanden, wie ungerecht das alles ist.

Als Kind hat Schule mich nur gelangweilt. Im Unterricht war mir langweilig, es war öde von vorne bis hinten, aber wenn man sich eigenmächtig etwas ablenkte und nicht aufpasste, wurde man geschlagen. Zum Glück gab es meine Klassenkameraden. Von morgens bis abends dachten wir uns irgendwelche Sachen aus, um uns gegenseitig zu amüsieren. Nur dadurch war das Elend der Schulzeit halbwegs erträglich. Untereinander ging es uns Jungs gut, mit den Lehrern war es das Letzte. Ich kann mich an kaum einen erinnern, zu dem wir Schüler ein gutes Verhältnis hatten.

Immerhin hat mir das Land Baden-Württemberg am Ende meiner Schulzeit noch ein halbes Jahr geschenkt. Weil der

Schuljahresbeginn von Winter auf Sommer umgestellt wurde, kam ich in den Genuss eines verkürzten Schuljahres und war mit achtzehneinhalb Jahren fertig mit dem Abitur. Ich schaffte es nur ganz knapp, mit einem Vierer-Durchschnitt. Danach arbeitete ich einige Monate lang in einer Fabrik, um eigenes Geld zu verdienen. Das taten viele Schulabgänger damals. Wir wollten bloß schnell weg von der Institution Schule – und nie wieder was mit Lehrern zu tun haben.

Heutzutage gibt es für Kinder und Jugendliche im Wesentlichen zwei Sozialisationsorte: das Elternhaus und die Schule. Für mich als Kind war ein anderer, dritter Ort viel entscheidender, er hat mich sehr beeinflusst – und war ein Gegengewicht zur verhassten Schule: die Straße. Für Kinder heute gibt es diesen Ort kaum noch, auch weil er zum Teil durch Medienkonsum ersetzt wurde.

Als wir aus dem Ruhrgebiet nach Rottweil zogen, staunte ich nicht schlecht: Die Straßen in der kleinen mittelalterlichen Stadt waren immer voller Kinder. Hunderte Kinder! Auch ich war permanent draußen. Man ließ uns einfach machen. Ich wohnte mit meiner Familie im fünften Stock eines Mehrfamilienhauses – und ab und an wurde mal ein Butterbrot abgeseilt. Oder es wurden 20 Pfennig in Zeitungspapier gewickelt, wenn der Eismann kam, sodass man sich ein Eis kaufen konnte. Ansonsten haben wir von den Erwachsenen – die Väter haben ohnehin von früh bis spät gearbeitet – nicht viel gesehen. Meine Mutter hat Teilzeit gearbeitet, und wenn sie zu Hause war, war sie nur am Putzen, Waschen, Kochen.

Währenddessen rannten wir in Horden auf der Straße rum. Was genau wir taten? Vor allem gab es keine Langeweile. Wir Jungs spielten viel Fußball – das war unsere Hauptleidenschaft, die wir von unseren Vätern übernommen hatten.

Und wir haben natürlich eine Menge schönen Blödsinn gemacht. Rottweil war unser Abenteuerspielplatz. Wir fingen Frösche und ließen sie durch die Gassen springen, wir lasen im Herbst übrig gebliebene Kartoffeln vom Feld auf und brieten sie über offenem Feuer. Wir haben überhaupt alles Mögliche gebraten ... Da war auch schon mal ein Huhn dabei, das wir von der Stange eines Hühnerstalls gehoben hatten – wir nannten das »Ausleihen«. Da fast jeder in der Gegend eine Menge Hühner hatte, fiel das zum Glück meistens nicht auf.

Aber das Wichtigste auf der Straße waren unsere Freundschaften. Es gab sehr enge und besondere Freundschaften! Ich hatte zwei beste Freunde: Raimund und Otti. Wir waren das Extra-Kleeblatt und hielten wie Pech und Schwefel zusammen. So konnten uns auch stärkere Jungs nicht beeindrucken.

Ganz in der Nähe unseres Wohnblocks gab es etwas, das hat uns damals schon berührt. Es gab eine Barackensiedlung – den Omsdorfer Hang. Da lebten Flüchtlinge aus den ehemaligen Ostgebieten, die nach dem Krieg in den Westen Deutschlands geschwemmt worden waren. Sie hausten unter unsäglichen Bedingungen, viele Menschen auf engstem Raum und ohne richtige sanitäre Einrichtungen.

Die Kinder aus dieser Barackensiedlung, heute würde man sagen: aus diesem »Brennpunkt«-Viertel, waren sehr freundlich. Wir lernten sie vor allem in der Volksschule kennen, am Gymnasium später waren auch von ihnen die allermeisten nicht mehr dabei. Ab diesem Zeitpunkt waren meine Freundschaften plötzlich durchlöchert von den Auswahlmechanismen der Schule.

Darunter habe ich damals sehr gelitten. Meine Freunde waren das Wichtigste für mich. Oft war ich nachmittags lieber mit ihnen draußen unterwegs, als meine gymnasialen Hausaufgaben zu machen.

Der Fakt, dass viele meiner Freunde es nicht auf eine höhere Schule schafften und ich dort täglich von Langeweile gequält war, hat mich später vermutlich dazu gebracht, als Lehrer das Gymnasium zu meiden. Stattdessen habe ich mich in die Gesamtschule verliebt.

Meine erste große Liebe war die Richtsberg-Gesamtschule in Marburg. Ich war völlig entflammt – weil dort genau die Schüler waren, die ich aus meiner Kindheit und Jugend kannte. Die Lehrer allerdings waren zum Glück ganz anders als zu meiner Schulzeit: bereit Rücksicht zu nehmen, mit großem sozialem Einfühlungsvermögen.

Kurze Zeit später kam es zu einer Punktlandung – ich fing als Lehrer an der Georg-Büchner-Schule an. Ich werde nie vergessen, wie ich das erste Mal den Schulhof betrat. Das Schulamt hatte mir hier eine Stelle vorgeschlagen, ich wollte mir die Schule erst mal nur anschauen.

Es war gerade große Pause. Auf dem Schulhof kamen mir zwei türkische Jungen lachend entgegen:

»Wer bist du? Und was machst du hier?«

»Ich glaub, ich soll hier Lehrer werden ...«

»Waaas? Lehrer?!?«

Ich nickte freundlich. Jetzt war die Neugier der Jungs geweckt:

»Und wo willst du jetzt hin?«

»Ins Sekretariat.«

»Dann bringen wir dich!«, riefen sie und nahmen mich an die Hand. »Wie heißt du denn?«

Ich wollte schon sagen: »Ich bin der Dieter ...«, besann mich dann aber.

»Äh, ich bin der Herr Bachmann.«

»Herr Bachmann? Super!«

Die Fügung wollte es, dass ich die beiden tatsächlich später unterrichtet habe. Sie hießen beide Can. Der eine Can war eher klein und rund, der andere groß und schlaksig. Der kleinere Can zog vor dem Klassenzimmer immer sorgfältig seine Schuhe aus und seine Pantoffeln an – und schaffte es mit dieser Geste, ein kleines Stück Grundschule und ein großes Stück Gemütlichkeit und Zuhause mitzubringen. Außerdem teilten wir alle drei eine Leidenschaft: Wir liebten Jackie-Chan-Filme. Mich erinnerten die beiden an meine Freunde, die ich in meiner Kindheit in Rottweil auf der Straße hatte. Genau wie sie hielten wir damals eng zusammen und ließen nichts anbrennen, wenn einer angegriffen wurde.

Was ich damit sagen will: Irgendwie war an diesen Gesamtschulen ein mir sehr vertrauter sozialer *Geruch* – und zwar von Anfang an. Wir kamen alle aus dem gleichen Nest, wenn man so will. Es machte mich glücklich, wieder da gelandet zu sein, wo ich herkam. Ich mochte und verstand diese Kinder auf Anhieb. Das fühlte sich herrlich an!

Und niemand konnte mich jetzt noch aufhalten, daraus mein eigenes Ding zu machen – wie früher als Kind auf der Straße.

3

OMA IST DIE BESTE

Eigentlich bin ich ein Kind des Ruhrgebiets, ganz klassisch Arbeiterklasse, Proletariat. Geboren 1952 in Bochum, in einer Bergarbeitersiedlung, in der meine Oma ein kleines Reihenhaus besaß. Meine Eltern lebten ebenfalls mit im Haus. Eines war typisch für die Gegend: Alles war dunkel eingefärbt vom Steinkohlebergbau. Die Bäume waren schwarz, die Büsche waren schwarz. Der Regen schaffte es kaum, sie zu reinigen. Ich erinnere mich besonders daran, wie alles nach feuchtem Ruß roch, wenn es regnete. Dieser Geruch haftete auch meiner Oma an. Genauso hartnäckig verströmte sie aber auch das Aroma von »4711 Echt Kölnisch Wasser«, denn sie sparte nie an ihrem Lieblingsparfüm.

Eine Mischung aus Schweiß, Ruß und Kölnisch Wasser – das war für mich der Duft von Geborgenheit. Denn es waren weniger meine Eltern, sondern vielmehr meine Oma, die mich in meinen ersten Jahren geprägt hat. Und je älter ich werde, desto mehr denke ich darüber nach, was meine Oma mit ihrem Enkel damals intuitiv alles richtig gemacht hat.

Es ging schon damit los, dass ihr Garten ein einziger großer Spielplatz für mich war. Hinter dem kleinen Haus mit seinen engen Zimmerchen besaß meine Oma ein langes

Grundstück. Das war in den Bergarbeitersiedlungen üblich und diente der Selbstversorgung. Meine Oma baute alles an: Kartoffeln, Kohl, Äpfel, Birnen, Mirabellen. Es gab auch einen Schweinestall mit einem Schwein und natürlich einen Hühnerhof.

In diesem Reich schaltete und waltete meine Oma als alleinige Herrscherin. Und sie konnte gegenüber anderen Erwachsenen wirklich grimmig werden. Das habe ich etliche Male hautnah miterlebt. Es gab zum Beispiel das ungeschriebene Gesetz in der Siedlung, dass auf der Straße liegengebliebene Pferdeäpfel demjenigen gehörten, vor dessen Grundstück sie lagen. Damals fuhren noch viele Händler mit Pferdewagen durch Bochum, manche brachten Kohlebriketts zum Heizen, andere lieferten Kartoffelsäcke aus. Die Pferdeäpfel, die die Tiere bei ihren Fahrten fallen ließen, waren ein begehrtes Düngemittel für die Gemüsegärten – also quasi heiße Ware. Sie wurden immer ganz schnell mit der Schubkarre eingesammelt und in Sicherheit gebracht.

Eine Nachbarin meiner Oma glaubte, das Gesetz der Straße missachten zu dürfen, und schnappte sich die Pferdeäpfel, die eindeutig vor unserem Haus auf dem Pflaster gelandet waren. Meine Oma ging der Nachbarin förmlich an die Gurgel. Da sie eine kräftige Zwei-Zentner-Person war, so breit wie hoch, war das ein ziemlich aufregendes Schauspiel. Natürlich gab die Nachbarin sofort nach.

Auch sonst ließ sich meine Oma nichts gefallen, auch nicht von Männern. In der ganzen Siedlung war sie eine Respektsperson. Dabei war sie weder eine besonders eloquente noch eine gebildete Frau. Sie war als Älteste von zwölf Kindern in ärmlichsten Verhältnissen aufgewachsen, hatte nur ein paar Jahre die Volksschule besucht und keinerlei Ausbildung. Ihr Vater fiel im Ersten Weltkrieg, ihre Mutter musste sehen, wie sie die Kinder ernährte. Meine Urgroßmutter war gelernte Näherin. Ich habe sie nicht mehr kennengelernt, aber aus den Erzählungen vermute ich, dass sie als Kriegswitwe schwer depressiv war. Es gibt in Bochum einen Stadtpark mit einem schönen Stadtparkteich. Dort hat meine Uroma wohl mehrmals versucht, sich zu ertränken. »Ins Wasser gehen« nannte man das damals. Meine Oma ist ihrer Mutter mehr als einmal nachts hinterhergegangen und hat sie davon abgehalten, sich das Leben zu nehmen.

Weil meine Uroma Tag und Nacht in einer Kleiderfabrik an der Nähmaschine saß, um Geld für ihre Kinder zu verdienen, nahm meine Oma für ihre jüngeren Geschwister früh die Mutterrolle ein. Bei ihrem jüngsten Bruder blieb das lebenslang so. Er wohnte direkt bei uns um die Ecke und war, typisch für die Zeit und das Milieu, ein harter Trinker. Oft klopfte er nachts betrunken an unsere Haustür, wollte randalieren. Meine Oma schüttete ihm meistens einen Eimer kaltes Wasser über den Kopf und schickte ihn schimpfend nach Hause.

Wo man hinsah, also Streit, Gewalt, Unglück, Alkoholmissbrauch in meiner Familie. Es klingt paradox, wenn ich dieses Umfeld trotzdem als warmherzig und fördernd wahrgenommen habe. Das aber lag einzig und allein an dem pädagogischen Naturtalent Oma. Durch ihre eigene harte Kindheit hatte sie eine entspannte Laissez-faire Haltung angenommen, die mir als ihrem Lieblingsenkel voll zugutekam. Sie war im Alltag einerseits bestens organisiert, praktizierte aber andererseits einen kreativen erzieherischen Umgang.

Meine Mutter arbeitete von morgens bis in die Abendstunden als Friseurin, natürlich bei einer Sechstagewoche. Mein cholerisch-autoritärer Vater war zum Glück auch meistens weg. In den Kindergarten ging ich nicht. Stattdessen war meine Oma für mich zuständig. Das machte ihr sichtlich Freude. Und wenn sie mal anderweitig beschäftigt war, schickte sie mich einfach in den Hühnerstall. Ich bekam eine riesige Tüte mit Hühnerfutter und verteilte es an die Hühner.

Es war nicht selbstverständlich, dass meine Oma mir das zutraute, zumal ich ja noch ein kleines Kind war. Einer der Hähne war außerdem ziemlich aggressiv. Wenn ein Erwachsener in den Stall kam, um die Eier herauszuholen, schoss dieser Hahn wie ein Blitz auf den Eindringling zu. Meine Oma betrat den Stall deshalb nie unbewaffnet, sie hatte immer vorsorglich einen Besen in der Hand. Mir aber tat der Hahn nichts.

Der Hühnerstall war jedenfalls mein Paradies. Die Hühner saßen auf meinem Schoß, ließen sich streicheln, hüpften gackernd um mich herum, sogar der Hahn beobachtete mich freundlich. Ich war selig. Stundenlang konnte ich mir dort die Zeit vertreiben.

Was mich mit ebenso viel Leidenschaft erfüllte, war das Klettern auf den rußigen Bäumen. Jedes Mal kam ich pechschwarz wieder herunter, wie ein Schornsteinfeger sah ich aus. Doch meiner Oma waren die verdreckten Klamotten völlig egal, sie lachte einfach lauthals. Und sie feuerte mich begeistert an, wenn ich mich auf noch höhere Äste wagte:

»Dieter, Dieter! Da käm ich nie hoch! Toll machst du das!«

Meine Oma war auch die Erste, die mir im Alter von vier

oder fünf Jahren Hammer, Nägel und Bretter in die Hand gab und mir erklärte, wie man damit umging. Sie bastelte mit mir Pfeil und Bogen, malte Federn an und zeigte mir beim Ausnehmen der Hühner alle glibberigen Innereien ganz genau. Für alles nahm sie sich Zeit. Nichts hielt sie von mir fern. Wir redeten viel, auch über das, was im Garten so alles wuchs. Ich durfte ihr beim Kartoffellesen helfen, beim Äpfelpflücken und, das Allerbeste, beim Birneneinmachen! Jede Jahreszeit brachte neue, aufregende Aufgaben.

Und egal, was wir zusammen taten: Meine Oma vermittelte mir immer das Gefühl, ich könnte machen, was ich wollte, sie wäre auf jeden Fall an meiner Seite.

Natürlich klappte bei mir, mit meinen kindlich-ungeübten Händen, vieles nicht auf Anhieb. Das störte meine Oma jedoch nicht: Sie war in der Lage, von ihren eigenen Leistungsansprüchen und Wertvorstellungen abzusehen. Eine großartige Fähigkeit, die man bei Erwachsenen auch heute viel zu selten antrifft! Sie selbst war zum Beispiel eine hervorragende und präzise Handwerkerin und außerdem immer sehr ordentlich gekleidet und auf Sauberkeit bedacht. Trotzdem konnte meine Oma aus vollstem Herzen meinen krumm und schief zusammengezimmerten Kaninchenstall loben oder sich nach einem langen Tag im Garten über meine erdigen Knie freuen.

Ihr Standardspruch lautete: »Kinder sollten im Dreck wühlen dürfen.«

Es war selbstverständlich für meine Oma, dass Dinge, die ich hergestellt hatte, im Alltag benutzt wurden. Der besagte Kaninchenstall, eher eine unförmige Bretterkiste, kam sofort zum Einsatz. Meine Oma fand daran nichts zu verbessern oder zu korrigieren. Schließlich war das »Dieters Stall« – und der war perfekt so, wie er war.

Erst als Erwachsener habe ich verstanden, welche wichtige Lektion meine Oma mich mit dieser Haltung gelehrt hat. Es ist nicht leicht, sich gegenüber Kindern derart zurückzunehmen. Vor allem, wenn man es besser weiß und besser kann. Meine Oma hatte jedenfalls kein Problem damit, mich die Dinge in meinem eigenen Tempo und auf meine eigene Weise erledigen zu lassen. Das tat meinem Selbstbewusstsein enorm gut.

Zu unserer engen emotionalen Beziehung kam auch eine enge körperliche, die ich so von meinen strengen Eltern nicht kannte. Meine Oma arbeitete unentwegt, schwitzte von morgens bis abends in ihrer ärmellosen Kittelschürze. Trotzdem versäumte sie es nie, mich mehrmals am Tag einfach hochzuheben und mir spontan einen Schmatzer zu verpassen. Und nach getaner Arbeit holte sie stets die obligatorische 4711-Flasche hervor und übergoss sich großzügig mit dem Eau de Toilette.

Da wusste ich: Jetzt ist es Zeit für eine Pause.

»Komm, Dieter, wir machen ein Nickerchen«, sagte sie zu mir und legte sich in einen Gartenstuhl.

Ich kroch auf ihren Schoß, schmiegte mich an den warmen, weichen Körper und machte ebenfalls die Augen zu. Zutiefst glücklich und zufrieden. Meine Oma, diese Mordsfrau, hat mich wirklich genährt.

Ich kann mich auch nicht erinnern, dass sie mir jemals willkürlich Grenzen gesetzt hätte oder mir autoritär gegenübergetreten wäre. Unser Verhältnis war all die Jahre bis zum Umzug in den Schwarzwald innig und völlig unbeschwert. Bis auf eine Ausnahme: Einmal war ich richtig sauer auf meine Oma.

Als plötzlich der Hahn weg war. Beziehungsweise: Er war nicht weg, er schwamm gerupft und ausgenommen im sonntäglichen Suppentopf.

Dass meine Oma ihm mit einem Schlag auf den Kopf die Lichter ausgeblasen hatte, war nicht ohne Grund geschehen: In der Familie war der Hahn ja ohnehin gefürchtet wegen seiner Attacken. Eines Tages, als meine Mutter im Hühnerstall die Eier einsammeln wollte, übertrieb er es offenbar. Er stürzte sich flatternd und wild pickend auf meine Mutter, die daraufhin alles panisch fallen ließ und quer durch den Garten in Richtung Haus rannte. Der Hahn kam wütend hinter ihr her. Im letzten Moment rettete sich meine Mutter nach drinnen. Meine Oma, die die Szene verfolgt hatte, nahm wortlos den Besen und beendete das Hahndrama ein für alle Mal.

Am nächsten Tag lagen nur noch die Federn des stolzen Tieres vor der Küchentür. Als ich das sah – und mir dann noch einen Reim auf das leckere Suppenfleisch gemacht hatte –, tobte und weinte ich laut:

»Oma, das war mein Hahn! Warum hast du ihn getötet?«

Erst da wurde meiner Oma klar, was sie mit ihrer Aktion angerichtet hatte. Für sie war der Hahn ein Nutztier, für mich war er ein Haustier gewesen. Ich hatte ihn geliebt und eine persönliche Beziehung zu ihm aufgebaut. Für meine Oma war er in erster Linie eine Nahrungsquelle.

Doch statt meine kindlichen Gefühle zu ignorieren oder abzuwerten, nahm sie sie wahr und reagierte darauf. Sie hätte das selbst nie so formuliert, aber ich spürte, dass Selbstkritik ihr nicht fremd war. Sie konnte Dinge, die sie getan hatte, im Nachhinein durchaus infrage stellen – im Gegensatz zu meinem Vater oder den meisten anderen Erwachsenen in meiner Umgebung. Meine Oma aber erkannte die Diskrepanz unserer Perspektiven an und hatte die Größe, auch meine Sichtweise gelten zu lassen. Selbst im Streit fühlte ich mich von ihr ernst genommen.

Ein paar Tage später zogen drei neue junge Hähne in unseren Hühnerstall ein. Vollständig getröstet war ich nicht, aber ich ließ es als Entschuldigung gelten.

Die sichere Bindung zu meiner Oma trug mich durch meine gesamte Kindheit und frühe Jugend. Ich wusste: Es gibt einen Menschen auf dieser Welt, der mich bedingungslos liebt. Auch wenn es mal wieder Ärger mit meinen Eltern gab – und das kam häufig vor –, stellte sich meine Oma vor mich. Dieses Gefühl war der pure Wahnsinn, kein anderer Erwachsener hat mir das damals so vermittelt. Diese Frau passte auf mich auf, bezog mich in ihr tägliches Leben ein, gab ihr Wissen an mich weiter und ließ mir zugleich genug Freiraum, um mich selbst auszuprobieren.

4

ANTIAUTORITÄRES INTERMEZZO

Wir kommen vom rußigen Ruhrgebiet ins wilde Westberlin der frühen 70er-Jahre. Mitten rein in die Zeit der Studentenbewegung und der gesellschaftlichen Umbrüche der 68er-Generation: Ich studiere mittlerweile seit ein paar Semestern am berühmten Soziologischen Institut der Freien Universität Berlin, sozusagen im Epizentrum der linken Debatten und Revolten. Was ich mit dem Fach Soziologie später mal beruflich machen will, ist mir selbst noch nicht klar. Auch meine Professoren raten mir neuerdings, das Studienfach zu wechseln und doch lieber Richtung Lehramt zu gehen. Ich bin ein bisschen ratlos, hänge viel in meiner WG herum, lese meinen geliebten Karl May und ärgere mich über die Dutzenden linken Splittergruppen, die an der Uni mittlerweile entstanden sind. Obwohl sich ihre politischen Programme nur in Nuancen voneinander unterscheiden, hassen sie sich gegenseitig abgrundtief und bekämpfen sich bis aufs Blut. Und zwar wortwörtlich. Bei den Demonstrationen rund um den Ku'damm kommt es häufig zu Straßenschlachten.

Mich stoßen die Gewalt, die Dogmatik und die permanente Rechthaberei meiner Kommilitonen extrem ab.

Was mich mehr interessiert, sind die alternativen Kinderläden und Kindergärten, die neuerdings überall in Westberlin von jungen Eltern (oft sind es Studierende wie ich)
gegründet werden. Ganz anders soll dort mit den Kindern
umgegangen werden, nicht mehr mit Zucht und Drill, sondern frei, antiautoritär. Das erinnert mich an meine Oma.
Wenn die Kleinen ohne Schuhe und Strümpfe auf die Straße
laufen wollen – lasst sie doch! Die Einstellung gefällt mir,
auch wenn mich die theoretischen Konzepte dahinter, über
die die Erwachsenen tagelang diskutieren können, eher lang-
weilen. Ich bin ein Praktiker, ich will loslegen. Im Rahmen
eines soziologischen Seminars komme ich mit einer Kinder-
gruppe in Kontakt, sie nennen sich »Rote Pfütze« oder so
ähnlich. Ich soll dort aushelfen und zugleich beobachtend
einige Studien betreiben.

Dass die Gruppe kein Remake meiner eigenen Kindheit
in Omas Gemüsegarten ist, ahne ich allerdings schon beim
ersten Besuch. Es ist Sommer, und tatsächlich springen die
Kinder alle nackt durch die Räume. Ein Drei- oder Vierjähri-
ger kommt forsch auf mich zu, begrüßt mich mit einem
gebrüllten »Du Arschloch« und tritt mir mit voller Kraft
gegen das Schienbein. Aua.

Ich schnappe mir das wütende kleine Kerlchen und halte
es mit beiden Händen für einen Moment fest:

»Hör auf damit, sonst verpass ich *dir* mal einen Tritt.«

Ich denke mir gar nichts dabei, der Satz purzelt einfach
aus meinem Mund. Da, wo ich herkomme, wird nicht lange
um den heißen Brei herumgeredet, wenn man sauer ist.

Kurz darauf bin ich schon in eine hitzige Diskussion mit
einigen der Eltern verwickelt: Was ich mir denn dabei ge-

dacht hätte! Meine spontane Reaktion verträgt sich natürlich überhaupt nicht mit dem Leitfaden der Roten Pfütze. Der lautet, verkürzt gesagt: Wir gestatten den Kindern jede Art von Gefühlsäußerung, egal, wie heftig diese ausfällt. Sie dürfen machen, was sie wollen. Wir Erwachsenen setzen keine Grenzen.

Mir schwant schon nach diesem Vormittag, dass der antiautoritäre Ansatz und ich vielleicht doch keine Freunde werden. Etwas desillusioniert kehre ich an die Uni zurück.

Kurz danach wechsle ich das Studienfach und werde jetzt doch Lehrer. Die Erfahrung mit Kindern in den Berliner Krabbelgruppen hat mich motiviert, pädagogisch arbeiten zu wollen. Eine Karriere als Soziologe an der Uni – wie ich mir mein Leben bis dahin vorgestellt habe – erscheint mir plötzlich ziemlich uninteressant.

Weil ich in Westberlin kein Referendariat machen kann, verschlägt es mich Ende der 1970er nach Hessen, in die Gegend um Frankfurt. Dort gefällt es mir, ich will unbedingt in der Region bleiben, finde aber keine passende Stelle an einer Schule. Warum nicht in einem Kindergarten arbeiten?, überlege ich. Einen zweiten Versuch ist die Sache mit der antiautoritären Erziehung doch wert, oder? In Marburg nehme ich mit einem Kinderladen Kontakt auf.

Prompt kriege ich eine Zusage: Ich soll zunächst für ein Jahr eine Gruppe von Krabbel- und Wickelkindern betreuen, alle zwischen einem und zwei Jahren alt. Die Gruppe ist eingebettet in ein selbst organisiertes Kinderhaus, das einige politisch aktive Eltern gegründet haben.

Männer in diesem Beruf stellen damals noch die absolute

Ausnahme dar, im Marburger Kinderhaus bin ich der einzige männliche Erzieher. Ich habe große Lust auf das Experiment, auch wenn mir ein bisschen mulmig dabei ist, mit sechs Kleinkindern alleine klarzukommen. Beruhigen, wickeln, füttern, waschen, spielen und schlafen legen, alles muss ich mit meinen zwei Händen schaffen. Und dabei soll ich natürlich den individuellen Willen der Kinder strikt respektieren, so der Wunsch der Eltern und der Kinderhausgründer.

Ich nicke, weiß aber schon: Das klappt niemals.

Die Realität holt uns schnell ein: In jeder der drei Kindergruppen gibt es ein Problem mit Aggressivität und Verletzungen, oft geht es ganz klischeehaft von den kleinen Jungs aus. Sie führen sich omnipotent auf, hauen, beißen und kratzen die anderen Kinder. Mir ist klar, warum das passiert. Unsere Gruppen haben ein Machtvakuum. Das spüren die Kinder instinktiv und ergreifen die Gelegenheit, sich an die Spitze des Rudels zu setzen.

Die Eltern sehen das völlig anders. Endlose abendliche Diskussionsrunden widmen wir dem Thema. Der Tenor ist stets: Wir Erwachsenen sind schuld. Durch unsere eigene autoritäre Erziehung steckt das alte System immer noch in uns, wir strahlen es quasi aus, ohne es zu merken. Kinder, die sich nicht von selbst friedvoll verhalten, spiegeln uns nur. Das heißt: Wir Großen müssen noch mehr und noch strenger an uns arbeiten. Und an einer echten antiautoritären Umgebung für die Kinder.

Doch wie genau die auszusehen hat, darüber gibt es keine Einigkeit. Manche Eltern wollen, dass es morgens eine gemeinsame Töpfchenrunde gibt. Alle sechs Kleinkinder in meiner Gruppe sitzen dabei nackt im Kreis und versuchen kollektiv zu kacken. Mal klappt's, mal nicht. Woran mag das liegen?, rätseln die Eltern. Einige schlagen vor, dass ich mich doch ebenfalls nackt aufs Töpfchen setzen solle. Naja, das war wohl nicht ganz ernst gemeint.

Ich weigere mich, wir streiten.

Meine Arbeit wird streng kontrolliert, vor allem durch die Eltern, die uns um Punkt 11 Uhr das selbst gekochte Essen vorbeibringen. Diese Gelegenheit nutzen etliche Mütter und Väter, um so lange wie möglich mit Argusaugen im Gruppenraum rumzusitzen und meine pädagogischen Handlungen zu überprüfen. Die Kinder macht das unruhig, mich auch, und wir finden als Gruppe nicht so richtig in unseren Tagesrhythmus.

Vor allem aber gibt es während dieser unerwünschten Besuche ständig Auseinandersetzungen. Einmal platzt eine Mutter, eine überzeugte Anthroposophin, in unseren Raum hinein, als die ganze Gruppe gerade einmütig und friedlich mit Duplo spielt. Dass wir diese neumodischen Plastikbausteine überhaupt benutzen dürfen, war bereits ein kleiner Kulturkampf. Die Anthroposophen-Mutter sieht uns kurz beim Türmchen- und Mauernbauen zu, dann schreit sie entsetzt auf:

»Dieter, gibst du den Kindern etwa schwarze Steine?«

Plastik sei ja schon schlimm genug, aber auch noch in der Farbe des Bösen!? Die Steine solle ich schnellstens aussortieren, fordert sie, die hätten keine gute Energie, die stünden für Enge, Härte, Autorität.

Ich rolle mit den Augen und baue weiter.

Wieder Elternabend, wieder endlose Diskussionen. Kurz darauf kommt es zum Eklat.

Wir haben ein Kind in der Gruppe, die kleine Lisa, die bei der Töpfchenrunde wie auf Kommando jedes Mal einen riesigen Haufen rausdrückt. Stolz inspiziert sie ihr Werk, betrachtet es von allen Seiten. Wenn ich ihre Geschäfte kurz darauf ins Klo kippen will, kommt es immer wieder zu Geschrei: Nein, nicht wegnehmen!

Natürlich kriegen die Eltern Wind davon. Dass ich Lisa jedes Mal ausreichend Zeit lasse, sich von ihren Ausscheidungen zu verabschieden, wollen sie nicht gelten lassen. Wenn Lisa ihre Scheiße behalten will, darf sie sie behalten. Ist Scheißen nicht auch ein kreativer Akt? Lisa drücke damit ihre Persönlichkeit aus, sie habe zum ersten Mal etwas »produziert«, das mache sie stolz, erklären mir einige Eltern. Keinesfalls dürfe ich ihr diese Freude nehmen!

»Wenn das so ist«, hebe ich an, »dann könnt ihr euch ja mal einen Vormittag lang in unseren engen Gruppenraum mit ein paar vollgeschissenen Töpfchen setzen! Viel Spaß!«

Zähneknirschend geben die Eltern mir die offizielle Erlaubnis, die Töpfchen notfalls auch gegen den Willen ihrer Kinder auszuleeren.

Meinen Vertrag kündige ich trotzdem nach einem Jahr. Zwar sind mir die Kinder mittlerweile ans Herz gewachsen, und wir haben zusammen eine Menge tolle Sachen gemacht, Ausflüge in den Park, Wände bemalen im Gruppenraum, stundenlanges Spielen im Garten, auf erste Bäume klettern. Aber mein Verdienst von 600 D-Mark im Monat reicht hinten und vorne nicht. Als ich zur gleichen Zeit eine Stelle als Lehrer an einer Berufsschule angeboten kriege, werfe ich daher schweren Herzens hin.

Mit mehreren Jahrzehnten Abstand gucke ich heute eher lachend als griesgrämig auf dieses Intermezzo zurück: Einerseits finde ich es immer noch toll, wie junge Eltern sich damals zusammengeschlossen und neue Bildungsorte geschaffen haben. Es gab kaum professionelle Betreuung für Kleinkinder, da waren die Kinderläden und Kinderhäuser ein riesiger Fortschritt. Im Westen Deutschlands blieb es ja bis in die 1990er-Jahre vor allem die Sache der Frauen, ihre Kinder zu Hause zu betreuen. Mir gefiel dieser Rückzug ins Privat-Bürgerliche nie, ich fand immer schon, dass man Kindern gemeinsam viel mehr Impulse geben kann.

Trotzdem lernte ich früh die Schattenseiten von selbst organisierten, alternativen Bildungseinrichtungen kennen, bei denen alle konzeptionell mitreden und sich ständig einmischen wollen. Es hat mich damals viel Kraft gekostet, buchstäblich jeden Pups in großen Runden zu besprechen. Zwar gab es vereinzelt Eltern, die mir ihr vollstes Vertrauen aussprachen und mich völlig frei machen ließen, aber die meisten waren der Ansicht, es besser zu wissen als ein studierter Pädagoge. Mit der Zeit gelang es mir, viele der Mütter und Väter argumentativ auf meine Seite zu ziehen – und sie sahen ja auch, wie glücklich die Kinder innerhalb der Gruppe waren –, aber insgesamt blieb die Atmosphäre von Misstrauen geprägt. Und ich verbrachte zu viele Stunden, die ich tausendmal lieber für Aktivitäten mit den Kindern genutzt hätte, mit lästigen und aus meiner Sicht völlig unfruchtbaren Diskussionen.

Ich spürte bei diesen jungen Eltern in den 1970ern oft einen großen Zwiespalt, der bis heute gesellschaftlich präsent ist. Einerseits wollten sie alles rund um ihre Kinder perfekt machen. Jedes Detail sollte stimmen, kein Fehler aus ihrer eigenen Kindheit aus Versehen wiederholt werden. Andererseits wollten sie ihre Kleinkinder aber auch nicht rund um die Uhr selbst betreuen. Denn das hätte bedeutet, dass sie ihre politischen oder beruflichen Ambitionen für einige Jahre völlig hätten aufgeben müssen. Sie gaben die Kinder also notgedrungen in meine Obhut – kompensierten ihr schlechtes Gewissen aber mit Kontrollsucht.

Ich bin davon überzeugt, dass Kinder andere Kinder für ihre Entwicklung brauchen. Und es auch gar nicht schlimm ist, dass ich ein bisschen anders mit den Kleinen umgehe, als die Eltern es täten. Weil Kinder klug sind, sehr klug sogar, und das durchaus verstehen und unterscheiden können. Es ist doch auch eine Entlastung für Eltern, wenn nicht alle Verantwortung auf ihren Schultern liegt! Und Kinder freuen sich über verschiedene Einflüsse in ihrem Leben: ob dass der verrückte Onkel Peter ist, der sie zur Begrüßung hochwirft, oder die Nachbarsfamilie, bei der das Abendessen ganz anders abläuft, oder die Babysitterin, die ihnen Einradfahren beibringt. Eine Wundertüte an Möglichkeiten, aus der sich die Kinder bedienen und ihre eigene Persönlichkeit entwickeln können.

5

LERNEN VON DEN MEISTERN

Als ich kurz darauf meine nächste Stelle an besagter hessischer Berufsschule antrat, wollte ich natürlich alles anders und besser machen als die Lehrer in meiner eigenen Schulzeit. Ich wollte ein guter Lehrer sein, ein verständnisvoller, einer, der zuhört und auf die Jugendlichen eingeht. Und ich war zuversichtlich, dass es zwischen mir und den angehenden Handwerkern – an der Berufsschule wurden unter anderem Köche und Dachdecker ausgebildet – gut klappen würde.

Da irrte ich mich leider.

Zunächst wurde mir der Deutschunterricht im dritten Lehrjahr zugeteilt. An einem Tag die Metzgerlehrlinge, am nächsten die Maurer, am übernächsten die Steinmetze. Fast ausschließlich Jungs. Ich sollte mit ihnen laut Lehrplan irgendwelche Texte lesen, Diktate schreiben und Aufsätze üben. Eigentlich aber war das Lernziel ein anderes: Am Ende der dreijährigen Berufsschule mussten die Jugendlichen einen Multiple-Choice-Test in jedem Hauptfach bestehen. Darauf sollte ich sie möglichst so vorbereiten, dass sie nicht durchfielen. Denn selbst diese simplen Ankreuztests, bei denen man keinen einzigen eigenen Satz schreiben musste, schafften viele nicht.

Meine Schüler interessierte das Fach Deutsch überhaupt nicht. Ihre Lektüre, wenn sie überhaupt lasen, bestand aus der täglichen BILD-Zeitung. Reißerische Überschriften, kurze Sätze, knallige Fotos, das fanden sie spannend. Einige dieser Jugendlichen, das merkte ich schnell, konnten gar nicht richtig lesen: Sie waren nach acht Jahren in deutschen Klassenzimmern immer noch Analphabeten. Und das waren keine seltenen Ausnahmen, teilweise war fast die Hälfte der Klasse betroffen.

Ich war über diese Beobachtung ehrlich erschüttert. Wie sollten diese jungen Leute halbwegs erfolgreich ihre Lehren absolvieren und anschließend ins Berufsleben starten? Ich beschloss, auf den Lehrplan zu pfeifen und mich ganz der Alphabetisierung zu widmen. Mit allergrößter Mühe versuchte ich, die Klassen zu einem Leseförderprogramm zu motivieren.

Doch auch damit drang ich nicht durch, obwohl ich die Jungs wirklich mochte – und sie mich eigentlich auch. Aber ich konnte von Glück sprechen, wenn die Lehrlinge überhaupt in meinem Unterricht auftauchten. Viel lieber hingen sie an einer Currywurstbude rum, die direkt auf dem Schulgelände stand. Manche von ihnen konnten fünf, sechs Würste nacheinander verdrücken. Einen sehr gutmütigen und einsilbigen Jungen aus der Metzgerklasse habe ich in besonders liebevoller Erinnerung: Er saß nach seinem täglichen Ausflug zur Bude am liebsten wurstmümmelnd vorne bei mir am Lehrerpult. Der Durst nach den zahlreichen Currywürsten wurde anschließend gerne mit Bier gelöscht. Das Saufen hatten die Jungs schon ganz gut drauf.

Ich dagegen hatte als Lehrer gar nichts drauf, jedenfalls fühlte es sich für mich so an. Die Klassen machten während meines Unterrichts faktisch, was sie wollten. Teilweise hingen die Schüler an den offenen Fenstern und pfiffen vorbeilaufenden Mädchen hinterher, während ich vorne am Pult versuchte, den Stoff zu vermitteln. Oder sie hüpften aus den Fenstern raus und kamen wenig später mit einer Tüte voller Bierdosen zurück. An einen Zwischenfall erinnere ich mich besonders gut: Ein Junge fand es irre witzig, seinem Mitschüler im Sommer ein brennendes Feuerzeug unter die Achseln zu halten. Weil der nur ein kurzes T-Shirt trug, fingen seine Achselhaare an zu brennen. Vor Schreck und Wut schlug der Angebrannte dem Zündelnden so heftig mit der Faust ins Gesicht, dass dessen Kiefer brach. Der Krankenwagen musste kommen, und es gab ein riesiges Theater.

Das war der Punkt, an dem ich wirklich erkennen musste: So geht es nicht weiter. Eigentlich war ich doch sonst recht durchsetzungsstark. Warum klappte es hier an der Berufsschule nicht?

Ich merkte: Es hat nichts mit den Jungs zu tun; es liegt an mir. Ich wusste einfach nicht, was ich ihnen beibringen wollte. Wozu wir das hier alles machten. Diese wenigen Stunden pro Woche, dieser aufgezwungene Deutschunterricht, diese blöden Multiple-Choice-Tests – warum?

In meinem Sportunterricht lief es übrigens nicht viel besser. Weil die Berufsschule keine eigene Turnhalle besaß, mussten die Lehrlinge einmal wöchentlich quer durch die Stadt fahren zur Halle einer anderen Schule. Von den dreißig Schülern, die ich unterrichten sollte, kamen grundsätzlich nie mehr als fünf dort an, die oft noch zu spät und nicht selten angetrunken. Die ganze Situation war extrem frustrierend: Meine pädagogische Wirksamkeit war gleich null. Ich hatte mittlerweile jeden Morgen das Gefühl, ich könnte genauso gut zu Hause im Bett liegen bleiben. Für die Jugendlichen würde es keinen Unterschied machen.

Wo lag der Fehler? Was konnte ich ändern?

Hätte ich gewusst, wie ich den Unterricht anders gestalten könnte, wären da sicher Mittel und Wege gewesen. Es war keine sonderlich engagierte oder innovative Berufsschule, aber Freiräume kann man überall aushandeln. Doch das Problem waren nicht die Strukturen oder die Rahmenbedingungen, das Problem war ich. Mir fehlten die grundsätzliche Richtung, der innere Kompass, das pädagogische Rüstzeug – und mittlerweile auch die Motivation.

Was mir bei meiner kritischen Selbstreflexion ebenfalls klar wurde: Andere waren aus irgendeinem Grund viel besser als ich. Die Berufsschule hatte einige sehr gute Lehrer im Kollegium, alles erfahrene ältere Meister. Einer von ihnen, ein Dackdecker, schaffte es, die volle Aufmerksamkeit der Jugendlichen zu gewinnen – und hervorragenden Unterricht zu machen. Einmal beschloss er, mitten auf dem Schulhof einen ganzen Dachstuhl hinbauen zu lassen. Auf diesem Modelldachstuhl übten die verschiedenen Jahrgänge das Dachdecken, kletterten herum, hatten sichtlich Spaß und lernten jede Menge. In das Projekt »Dachstuhl« wurde auch ein anderer Meister, ein Zimmermann, eingebunden. Der brachte den Jugendlichen zuerst den Satz des Pythagoras bei und ließ sie dann nach geometrischen Gesetzen die Winkel und Balkenlängen des Übungsdachs berechnen. Anschließend ging's ans Sägen und Zusammenbauen. Das klappte alles wie am Schnürchen.

Und die Schüler, die bei mir nur Chaos verbreiteten, benahmen sich bei diesen Lehrern vorbildlich. Sie arbeiteten aufmerksam mit und hätten im Leben nicht gewagt, mit Bierdosen oder Currywürsten aufzutauchen. Es war aber trotzdem keine Angst im Spiel. Ich spürte: Die Schüler bringen diesen Meistern Anerkennung und Respekt entgegen. Und: Sie haben Freude daran, selbst etwas zu schaffen. Ihnen gefällt der Unterricht.

Mir gefiel er ja auch. Ich war nur nicht in der Lage, ihn zu kopieren.

Immer, wenn ich Freistunden hatte, gesellte ich mich auf dem Schulhof oder in den Werkstätten zu dem Praxisunterricht meiner Kollegen dazu. Und packte auch tatkräftig mit an. Das machte mir so viel Spaß, dass ich – ohnehin von inneren Zweifeln zerfressen – ernsthaft überlegte, selbst eine Schreinerlehre anzufangen.

Doch dann zog ein anderer Handwerker meine Aufmerksamkeit auf sich. Es war ein selbstständiger Steinmetz, der einmal in der Woche zur Berufsschule kam. Seine Fertigkeiten faszinierten mich unglaublich. Mit Meißeln, Bohrern, Steinsägen und Drucklufthammern wurden in seinen Unterrichtsstunden die groben Steinklötze bearbeitet, um weiche, fließende Formen aus ihnen herauszumodellieren. Ich reihte mich sofort ein, um das zusammen mit den Jugendlichen zu lernen.

Trotz meiner ziemlich klobigen Hände stellte ich mich recht geschickt an. Und das Ergebnis war der Wahnsinn! Eine so ganzheitliche Arbeit hatte ich noch nie in meinem

Leben gemacht: Alles wirkte zusammen, der Kopf, die Hände, die Seele.

Nichts an dieser Arbeit war entfremdet, um es mal mit Marx'schem Vokabular zu sagen. Im Gegenteil, alle meine menschlichen Bedürfnisse wurden erfüllt: Ich konnte mich kreativ ausdrücken, zugleich körperlich und mental betätigen, ich sah das Resultat meiner Anstrengungen und wusste abends, was ich an diesem Tag geleistet hatte. Ich stellte etwas her. Ganz konkret. Ganz individuell. Das Endprodukt, ob Skulptur, Brunnen oder Treppenstufe, trug meine Handschrift, es hatte mit mir zu tun. Herrlich!

Dass es eine Selbstwirksamkeit gibt, die man nur im *Hand*-Werk findet – diese Erkenntnis traf mich, den jungen, frustrierten Lehrer, mit voller Wucht. Ich musste plötzlich an mein Studium zurückdenken, die Seminare zu politischer Ökonomie, zu Pädagogik, die ganzen hochkomplexen Gesellschaftstheorien, über die wir damals diskutiert hatten ... und die mir trotzdem irgendwie auf den Senkel gegangen waren. All das war mir damals schon unwirklich erschienen. Zu verkopft. Irgendwas hatte mir dabei immer gefehlt.

Wegen dieses anhaltenden Unbehagens hatte ich ja damals in Berlin am Ende meines Lehramtsstudiums noch das Fach Sport drangehängt. Da war man wenigstens draußen, spielte mit anderen zusammen, bewegte sich und spürte den eigenen Körper. Wenn jemand am Sportplatz der Uni vorbeilief, rief ich gerne: »Sieht vielleicht nicht so aus, aber ich *studiere* hier gerade!« Aber selbst wenn ich mit meinen Mannschaften auf dem Fußballplatz oder auf dem Volleyballfeld herumrannte, war da eine Leerstelle geblieben.

Mit dem Meißel und Hammer in der Hand konnte ich das

erste Mal in meinem Leben meine Wirksamkeit fühlen und erleben. Das Gefühl der Leere in mir verflog vollständig. Und ich wusste nun, welchen Beruf ich ergreifen wollte: Steinbildhauerei!

Das Schuljahr an der Berufsschule beendete ich noch pflichtbewusst, dann reichte ich meine Kündigung ein. Meine Mutter fand, ich hätte den Verstand verloren. Einen gesellschaftlich anerkannten, gut bezahlten, körperlich wenig anstrengenden Beruf freiwillig aufgeben? Dem sicheren Beamter-auf-Lebenszeit-Status, den ich in Kürze erlangt hätte, einfach den Rücken kehren? Statt den sozialen Aufstieg in die Welt der Akademiker zu vollziehen – dahin zurückfallen, wo man hergekommen ist? An Steinen malochen?

Sie, die ihr Leben lang am Friseurstuhl gestanden hatte, war entsetzt.

»Dieter, ich wusste nicht, dass ich einen so bekloppten Sohn habe.«

Ich konnte sie sogar verstehen: Ich war 30 Jahre alt, hatte ein halbes Soziologiestudium, ein abgeschlossenes Lehramtsstudium, ein Referendariat und erste Berufserfahrungen als Lehrer und Erzieher hinter mir. Das warf ich jetzt mit einer Handbewegung weg.

»Was verdienst du bei der Steinbildhauer-Ausbildung?«

»Ungefähr 500 Mark.«

»Und was würdest du als verbeamteter Lehrer in Hessen verdienen?«

»Um die 4500 Mark.«

»Dieter, müssen wir noch weiterreden?«

Wir redeten nicht weiter. Es hätte ohnehin nichts gebracht,

denn meine Entscheidung stand fest. Ich wusste, die Steine sind meine persönliche Lebensrettung. Als Lehrer an einer Schule zu bleiben, wäre mein Untergang.

6

DU MUSST BRENNEN, UM ANDERE ENTZÜNDEN ZU KÖNNEN

Meine nächste Station als frischgebackener Lehrer-Aussteiger hieß Salzburger Berge. Ein Steinbruch, in dem der berühmte österreichische Bildhauer Karl Prantl sich niedergelassen hatte. Ein Glücksfall: Ich konnte ein halbes Jahr lang mit ihm zusammenarbeiten!

Das Besondere an ihm war seine Haltung. Viele junge Bildhauer fühlten sich von ihm angezogen und baten ihn um Rat. Dann schüttelte er sich, unangenehm berührt, und sagte: »I bäa koan Professore! Ihr müsst die Welt unter euren nackten Füßen spüren und schauen, was ihr daraus macht!«

Ich habe ihn nie etwas gefragt, aber immer genau beobachtet.

Er schlich barfuß, nur mit schwarzen Shorts bekleidet, durch den Steinbruch, streichelte so manchen Stein oder stand auch schon mal eine ganze Stunde wie in Trance versunken in der Betrachtung eines Felsblocks.

Dann rief er mich: »Dieter, hol eine Leiter!«

Er hatte meist schon einen Korb mit Klüpfel und Meißel in der Hand. Zusammen bestiegen wir den mindestens vier

Meter hohen Stein und begannen oben, ihn auszuhöhlen, diese Salzburger Forelle.

Nach wochenlanger Arbeit hatten wir und andere ein tiefes Becken hineingearbeitet. Jetzt mussten wir nur noch auf zwei, drei heftige Gewitterregen warten, und unsere Freilichtbadewanne war perfekt. Bier trinkend, rauchend und sehr glücklich wurde diese Felsenoase eingeweiht.

Von diesem Tag an konnte ich nicht anders, ich weiß nicht, warum – ich musste immer wieder solche Taufbecken in große Steine arbeiten und war später glücklich, wenn meine kleinen Kinder darin badeten.

Im Kleinformat habe ich auch mit meinen Schülerinnen und Schülern ähnliche Wasserbiotope erschaffen. Das war eine tolle Erfahrung: zu sehen, wie sich die Schüler wochenlang engagiert und leidenschaftlich reinhängten. Sie haben sich richtig vertieft in diese Arbeit. Der eine oder andere zeigte sich dabei genauso entflammt wie ich. Und einige besuchen mich heute noch in meinem Steinbruch.

Die Lektion, die ich aus meiner Steinbildhauerzeit zurück mit in die Schule genommen habe, lautet: Man muss für das, was man macht, brennen – ob es jetzt Mathe ist oder Steinbearbeitung oder Musik. Und gleichzeitig ist es gut auf Augenhöhe zu bleiben und nicht über die Schüler hinweg so eine Art Selbstverwirklichung zu betreiben. Jedes Kind muss seinen Zugang zu einer bestimmten Sache finden; man kann die eigene Leidenschaft nicht eins zu eins auf Schüler übertragen.

Karl Prantl hat einen etwas anderen Ansatz verfolgt.

Er fand: Du brauchst keinen Lehrer. Schau und spüre die Welt – in dir und um dich herum – und setze sie mit dem

Material, das du verarbeiten willst, in Verbindung. Wenn du Glück hast, entsteht etwas völlig Neues. Und vor allem bist du von vornherein dagegen gefeit, jemanden zu imitieren. Karl Prantl traute jedem seinen eigenen Weg zu und wollte andere immer darin bestärken. So konnten wir, seine Schüler, auf unsere eigene Weise lernen.

Lehre dich selbst. Auch das hat später in meinem Unterricht noch eine große Rolle gespielt.

Nach meiner Lehrzeit machte ich mich schnell selbstständig, Aufträge hatte ich ausreichend. Teilweise restaurierte ich bestehende Steine, oder ich modellierte Wasserspeier für Parks und Gärten. Finanziell konnte ich davon ganz gut leben. Nebenher fing ich an, auch eigene künstlerische Skulpturen zu machen. Meine Kreativität am Stein auszuleben. Dass Menschen sich dafür interessierten, diese Skulpturen mochten und manchmal sogar kaufen wollten, war das bis dahin größte Erfolgs- und Glückserlebnis in meinem Leben.

Rund zehn Jahre lang blieb ich freischaffender Steinbildhauer. Bis mich die Spur der Steine, die mich aus der Schule herausgelockt hatte, wieder zurück in die Schule brachte.

Und das kam so:

Ich nahm auch hin und wieder Aufträge von Privatleuten an, die ihre Gärten verschönern wollten. Bei einem sehr netten Ehepaar in Hessen war ich gerade dabei, eine Sandsteinumrandung für ihren Teich zu machen. »Wohlstandspfützen« nannten wir solche Teiche immer leicht abschätzig. Jedenfalls standen diese Kunden immer wieder neugierig neben mir, nahmen selbst mal den Meißel in die Hand, stellten viele Fragen.

Eines Tages sagte der Mann zu seiner Frau eher beiläufig: »So einen wie den Dieter könntet ihr gut gebrauchen, oder?«

Es stellte sich raus: Die Frau war Mitarbeiterin im Schulamt! Und ständig auf der Suche nach Vertretungslehrkräften! Aktuell suchten sie einen Lehrer für eine Gesamtschule mit einer ziemlich schwierigen Schülerschaft – »einer, der mit den bösen Buben Steine klopft, wäre da perfekt«, so drückten sie es lachend aus.

Ich konnte schließlich nicht anders, als mich zu outen: dass ich eigentlich fertiger Lehrer war, mit Referendariat und allem. Jetzt war das Ehepaar natürlich erst recht begeistert. Volltreffer!

Eine Woche später stand ich, mit einem Lehrauftrag in der Tasche, an meiner neuen Arbeitsstelle, einer integrierten Gesamtschule in Marburg. Und was soll ich sagen: Es lief völlig anders als an der Berufsschule zehn Jahre zuvor. Die »bösen Buben«, die es dort gab, standen auf meinen Unterricht, die fanden es gut, dass sie bei mir Steine klopfen durften. Ich hatte einen Zugang zu mir selbst und zu den Kindern gefunden – über das Handwerkliche.

Im Nachhinein würde ich sagen, dass die lange Auszeit vom Schuldienst das Beste war, was mir hätte passieren können. Während meiner Berufsschulzeit hatte ich keine innere Richtung gehabt, jetzt hatte ich sie. Ich war gereift. Und es war gut, unter anderen Vorzeichen zurückzukommen. Erst mal nicht als Deutschlehrer – sondern als einer aus der Praxis, der den Werkunterricht übernimmt. Ich hatte die Jahre in der Selbstständigkeit geliebt, aber manchmal war mir doch einsam zumute gewesen. Es war toll, jetzt wieder an einer Schule zu sein.

Da wohnten zwei Seelen in meiner Brust, wohnen bis heute in mir. Da ist der Dieter, der etwas alleine mit seinen Händen erschaffen will. Ich bin darin aufgegangen, Skulpturen aus Steinen zu klopfen und damit ganz autark mein Geld zu verdienen. Aber da gibt es eben auch noch den anderen Dieter, den aus der Krabbelgruppe. Der hat eine große Leidenschaft für die Arbeit mit Kindern und Jugendlichen. Schon während meines Studiums in Berlin habe ich mich in der offenen Jugendarbeit engagiert. Zwar gab es den Begriff damals noch nicht, aber wir machten nichts anderes: Wir sammelten Jungs von der Straße ein und boten ihnen Programme und eine Anlaufstelle an.

Und nun, im Alter von 40 Jahren, fügten sich diese zwei Seiten meiner Persönlichkeit und meiner Biografie auf einmal zusammen. Ich wusste mittlerweile mehr über mich als Mensch, das machte mich auch zu einem authentischeren Lehrer. Ich war sicherer in dem, was ich kann. Wer ich bin. Nur so entstand die Möglichkeit, dass dieser anstrengende Lehrerberuf mich emotional nähren konnte – und nicht nur auslaugte.

Auch meine Wertschätzung für die Rahmenbedingungen hatte sich verändert. Ich verdiente plötzlich wieder verlässlich gutes Geld und war nicht abhängig davon, wie viele Steine ich im letzten Monat geklopft oder wie viele Neukunden ich akquiriert hatte. Den Existenzkampf, den jeder Freiberufler kennt, gab es nicht mehr. Auch das ließ mich den Beruf Lehrer jetzt mit anderen Augen sehen: Ich war demütig und dankbar, dass die Gesellschaft mich dafür gut bezahlte.

Heute würde ich sagen: Es war ein umständlicher Weg, der mich schlussendlich an die Schule zurückbrachte, aber

es war genau der richtige. Ich habe später so viele Referendarinnen und Referendare erlebt, die sofort nach dem Abitur
ihr Lehramtsstudium durchgezogen haben und mit Mitte
zwanzig ähnlich verzweifelt wie ich vor einer lärmenden
Schulklasse standen. Kaum Lebenserfahrung im Gepäck,
wenig Selbstgewissheit – da kann man als Lehrer eigentlich
nur scheitern.

Die Steine haben mich seitdem immer in meinem Unterricht begleitet. Auch als ich längst wieder Deutsch und Mathe
unterrichtet habe. Sie zu besorgen, war kein Problem: Die
liegen hier rund um Marburg einfach im Wald herum, ich
wohne quasi in einem Dorado von Sandstein. Es gibt sogar
stillgelegte Sandsteinbrüche. Und jede Menge abgerissene
alte Bauernhäuser. Wir haben die Besitzer oder den Förster
einfach gefragt, ob wir ein paar mitnehmen dürfen. Durften
wir. Ich fuhr gelegentlich mit den Schülern und einem Hänger in den Wald, und schon hatten wir wieder genug Steine.
Das Werkzeug zum Bearbeiten brachte ich von zu Hause mit,
oder die Schule schaffte ein bisschen was an.

Ich bin da nie auf größere Hürden oder Widerstände ge-
stoßen, im Gegenteil, alle fanden es gut, und nicht selten
haben sich sogar Kolleginnen oder Kollegen auf dem Schulhof am Steineklopfen beteiligt. Bei den Schulfesten wurden
die Werke verkauft, vor allem die Vogeltränken fanden dann
immer reißenden Absatz. Das Geld wanderte in die Klassenkasse. Darüber gab es gar keine Diskussionen, auch wenn
einige Kinder sehr viel Arbeit in einzelne Steine investiert
hatten, während andere kaum oder gar keine Lust aufs Meißeln hatten.

Mir war wichtig, dass gerade die Kinder, die sich mit Schule sonst schwertaten, hier erstens ein niedrigschwelliges Angebot bekamen und zweitens die Chance auf ein ungewohntes Erfolgserlebnis. Man klopft mit einiger Mühe und Geduld eine Mulde in einen kleinen Stein, poliert ihn noch über – und dann ist das eine Tränke, und man kann damit sogar Geld verdienen. Und wenn man noch ein Fantasietier ergänzt oder eine versteinerte Eidechse andeutet, ist das Ganze gleich noch ein paar Euro mehr wert. Die Kinder haben dabei nicht nur handwerklich etwas gelernt, sie haben auch erfahren, wie toll es ist, wenn du stolz auf das Ergebnis deiner Arbeit bist und andere das wertschätzen. Das alles hast du mit deinen Händen, deinem Kopf, deiner Fantasie und deiner Geschicklichkeit geschafft.

In den Sommermonaten standen die Steine oft direkt vor unserem Klassenzimmer, sodass jeder, der eine Auszeit brauchte oder Lust auf körperliche Betätigung hatte, einfach rausgehen und ein bisschen klopfen konnte. Manche Kinder nutzten das sehr ausgiebig, standen bis zu zehn Stunden in der Woche am Stein, andere gesellten sich nur gelegentlich dazu. Diese Freiwilligkeit fand ich immer wichtig, denn die Steine waren ja ein Baustein meines binnendifferenzierten Unterrichts.

Und obwohl es ein paar Schüler gab, die wirklich Talent hatten, hat am Ende niemand eine Steinbildhauerlehre gemacht. Jedenfalls nicht, dass ich wüsste. Aber einige meiner damaligen Schüler haben es zumindest als schönes Hobby für sich entdeckt.

Ich selbst bin den Steinen bis heute treu: Ich habe meine persönlichen Gefühle immer wieder in Steine tätowiert. In der Schule war ich außerdem oft der Stein, in den meine Schüler sich eingemeißelt haben. In ruhigen Momenten spüre ich diesen vielfältigen Spuren nach und bin stolz darauf, was auf diese Art in mir geblieben ist.

7

VERTRÄUMTE MOTORRADMÄRCHEN TEIL I

Ich habe mich in meinem Leben immer stark von meinen Emotionen leiten lassen, ob ich Musik mache, als Bildhauer arbeite oder wenn ich mit Menschen zusammen bin. Diese Gefühle und den schöpferischen Umgang mit meiner Fantasie habe ich auch in die Schule getragen. Wir haben uns Geschichten und Märchen erzählt, meine Schüler und ich, und wir haben gemeinsam Lieder geschrieben. Ich finde es wichtig, dass wir diesen kleinen Menschen, die uns anvertraut sind, etwas von unseren Träumen mitgeben. Und deshalb sollen auch hier im Buch einige märchenhafte Geschichten, in denen ich Reales und Fiktives, Wirklichkeit und Traum vermische, ihren Platz finden.

Was macht ein Krokodil in der Schule?

Wenn ich im Frühling morgens zum Fenster rausschaute, mich manchmal auch schon auf meine Terrasse setzte und sah, wie der Asphalt begann, in der Morgensonne zu dampfen – dann wurde ich immer ganz unruhig. Auf eine schöne Art. Ich musste schnell zu meiner roten Guzzi, diesem italienischen Motorrad, das ich schon lange besaß. Die Fahrt in die Schule ging in Richtung Osten, in den Sonnenaufgang hinein.

In der Schule angekommen, war immer noch Zeit für ein oder zwei Zigarillos. So saß ich mal wieder auf dem Schulhof, hatte mir eine angezündet, als ein merkwürdiges Geräusch näher kam. Ich schaute auf, und siehe da, eine MZ 250 schwenkte auf den Schulhof, und ich staunte nicht schlecht. Ja, ein bisschen steif vom langen Ritt trennte sich ein schlaksiger Typ von seinem Moped, lächelte mich an und setzte sich neben mich. Seinen zerbeulten Helm legte er zwischen uns, und dann bewunderten wir beide gemeinsam dieses ungleiche Paar vor uns. Eine Guzzi 850 und eine MZ 250. Zwei metallene Wesen aus untergegangenen Motorradepochen. Ein bisschen unwirklich – wie der Typ, der da jetzt neben mir saß.

Ich hielt ihm meine Zigarillos hin, er lehnte ab. »Ein Schulhof ist ein Schulhof«, sagte ich, »wenn da welche rumspringen. Siehst du da jemanden rumspringen?« Er grinste mich an, und mit einem eigenartigen Wetterleuchten im Gesicht griff er zu.

Einige Zeit sah ich Egbert nicht mehr. Er hatte mir noch seinen Namen genannt, bevor wir uns an diesem Morgen getrennt hatten. Egbert Hohlbein hieß er. Quereinsteiger für ein Referendariat an unserer Schule. Mathe, Bio. Sein Antiquariat in Gießen war pleite gegangen, und nun musste er sich eine neue Lebensperspektive ausdenken. Er hatte mal studiert und dann wieder verworfen Lehrer zu werden. Jetzt also noch mal ein Neustart. Wir trafen uns bald bei schwarzem Kaffee in der Lehrerküche – wohl nicht ganz zufällig. Wie er da so vor mir saß, ahnte ich schon, was kommen würde ... Egbert stellte mir die Gretchenfrage der Referendare.

»Herr Bachmann, ähm, wie wär's, wenn Sie mein Mentor werden? Du bist doch auch Mathelehrer, Herr Bachmann.«

Ich zog die Mütze über die Augen und nahm mir ein bisschen Zeit für die Antwort.

»Mach ich, Egbert, mach ich!« Einen Augenblick lang dachte ich, er fällt mir vor Freude um den Hals.

Wie er mir später erzählte, fühlt er sich anfangs in der Schule wie ein Außerirdischer. Und ich schien der einzige andere Außerirdische vor Ort zu sein. Na, schlau war er auf jeden Fall, dieser Egbert Hohlbein.

Am nächsten Morgen kam ich sehr unausgeschlafen in die Schule. Mein kleiner Sohn hatte in der Nacht Bauchschmerzen gehabt, und die Bilderbücher stapelten sich auf dem Bett. So hatte ich es einfach vergessen: Denn zur zweiten Stunde wollte Egbert das erste Mal in meiner Klasse auflaufen. Ich bemühte mich gerade, einen Witz von Hussein zu verstehen, als Stella in die Hand prustend und nach hinten zeigend durch die Tür kam.

Da war er, mein neuer Referendar.

Er stand im Türrahmen und wollte nicht so richtig reinkommen. Da lag schon was in der Luft. Die Schülerinnen und Schüler saßen in den Startlöchern, und ich hatte es nicht schnell genug bemerkt. Als er sich vorstellte und dabei ein Gewitter durch sein Gesicht zog und seine Mundwinkel leicht zitterten, da gab es einen lachenden Aufschrei. Die ganze Klasse: Indianergeheul vor dem Angriff. Der Mob tobte. Da ging nichts mehr. Nur noch die Notbremse: Herr Bachmann sprang aufs Pult und ließ die Wildsau raus.

So hatten sie mich noch nicht erlebt: »Raus, raus, raus, die ganze Klasse raus! Sofort raus!« Sogar Egbert wollte im ersten Moment gehen. Ich hatte wohl ein bisschen überzogen. Aber es wirkte. Die Klasse vor der Tür lachte nur noch verhalten und leise. Ich sah Egbert an, dass er sofort alles hinschmeißen wollte. Das war wohl nicht das erste Mal in den letzten Wochen, dass ihn eine Klasse fertiggemacht hatte. Wir ließen die Horde eine Zeit lang vor der Tür, bis sie in der Lage waren, mucksmäuschenstill wieder reinzukommen. Ich flüsterte Egbert zu: »Du bist jetzt einfach nur da, sonst nichts.« Im Stuhlkreis belästigte ich die Schüler mit Kopfrechnen. Und zwar Kopfrechnen von der schlimmsten und langweiligsten Sorte. Ich machte ihnen so nebenbei klar, dass ich ziemlich sauer war. Und sie hielten einigermaßen still.

Egbert war einfach da, und Sibel und Aishe ließen ihn sogar mitrechnen. Dann erlöste uns mal wieder die Schulklingel. Doch Egbert konnte jetzt einfach nicht mehr, er wollte das Handtuch werfen. Und ich musste mir ganz schnell etwas einfallen lassen.

»Komm«, sagte ich. »Wir regeln das bei mir zu Hause, bei Whisky und edler Schokolade.« Er guckte mich verwundert an. Mir fiel auf die Schnelle nichts anderes ein.

Auf dem Weg zu mir fuhr Egbert 'nen ganz heißen Reifen. Keine Kurve brachte ihn dazu, auch nur ein bisschen vom Gas zu gehen. Ich hatte alle Mühe, da mitzuhalten. So auf der langen Geraden konnte ich ihn immer wieder einholen. Beim Ankommen sagte ich ihm das, und das erste Mal lächelte er leise.

Da setzte ich noch einen drauf: »Stell dir mal vor, du hättest jetzt ein paar von diesen Wilden aus der Klasse hinten draufgehabt auf deinem Moped – was meinst du?« Und jetzt lachte er richtig.

Nach ein paar Gläsern Whisky wurde ich übermütig. Der Goldsucher in mir wurde wach, und ich begann, Egbert zu löchern, und Egbert kam tatsächlich ins Erzählen. Ich brauchte einen Moment, bis ich begriff, dass er in seiner Dreizimmerwohnung in Gießen in einer Art Riesenterrarium lebte. Seine Mitbewohner waren Schlangen, Krokodile, Vogelspinnen, Echsen, Skorpione. In der Küche stand ein Aquarium mit Piranhas. Während ich Egberts Reptiliengeschichten lauschte, kam mir die erlösende Idee: »Mensch, Egbert! Morgen bringst du einfach deine Lieblingswürgeschlange mit in den Unterricht!«

Er staunte nicht schlecht. »Meinst du wirklich?«

»Ja, das probieren wir aus! Das ist es vielleicht.«

Am nächsten Morgen schrien die Schüler vor Entzücken, als Egbert mit der Schlange reinkam. Ein paar Mädchen zögerten noch, aber alle waren begeistert. »Herr Egbert, Herr Egbert! Ich will die Schlange auch mal halten!« Und Egbert Hohlbein war der Star des Tages. Wir lauschten seinen Geschichten über das Leben der Schlangen und wie er die Kreuzotter Agathe gefangen, gezähmt und und ihr den Giftzahn entfernt hatte.

Egbert war angekommen. Von nun an brachte er jede Woche ein anderes Reptil mit in die Schule. Sogar Ali Baba, das kleine Nilkrokodil. Es wurde aber noch besser.

Einmal in der Woche saßen wir bei mir und machten gemeinsam Unterrichtsvorbereitung. Egbert hatte Schwierigkeiten, modernen Unterricht zu machen, er war einfach der klassische Geschichtenerzähler. Plötzlich stand er auf, ging zu meinem Kühlschrank, kam zurück, und siehe da, er zog mir ein paar Eier aus der Nase. Und anschließend zog er mir noch meine schmutzigen Socken aus dem Ärmel. Das war der Wahnsinn! Der Abend verging wie im Flug mit Kartentricks und der Erkenntnis, dass Egbert ein irrer Zauberer war! Vielleicht sogar ein Illusionist! Und da kam mir wieder der Gedanke: Mann, das nehmen wir mit in die Schule! In der nächsten Woche stand der Zauberlehrling von Johann Wolfgang von Goethe vor der Tür, und Egbert *holte ihn rein. Und er holte ihn rein, wie ich das noch nie erlebt hatte! Er bastelte mit den Schülerinnen jede Menge Equipment: Zauberhüte, Zauberstäbe, die Kinder brachten Blecheimer und alte Besen mit in die Schule, und nach kurzer Zeit sah das Klassenzimmer wie ein Trödelladen aus.*

»Walle, Walle, manche Strecke, dass zum Zwecke Wasser ...« Es war der Wahnsinn! Zu allem Überfluss verschönerten Egberts Zauberkünste das triste Schulleben, und er zeigte sogar ein paar besonders Mutigen, wie man Feuer spuckt! Ich bekam daraufhin allerdings ein bisschen Ärger mit der Schulleitung, aber das war ich ja gewöhnt. Auch die Parallelklassen wurden jede Woche zu Veranstaltungen eingeladen, und es gab immer wieder Mitmachangebote. Wir verbrachten eine unglaublich intensive Zeit, und Johann Wolfgang von – ich glaube, er hätte sich gefreut, hätte er das miterleben dürfen.

Ein Lehrer, der für eine Sache »brennt«, ist die beste Voraussetzung, um Schülerinnen und Schüler mitzunehmen, zu motivieren und zu begeistern. Die Kinder haben ein feines Gespür für die Ehrlichkeit, mit der Lehrende ihre Inhalte anbieten.

8

GOETHE, POTTER UND DIE LESETEPPICHE

In der Volksschule im Schwarzwald lernten wir große und kleine Buchstaben lesen und schreiben. Wir hatten für jede Klassenstufe ein Lesebuch. Ich kann mich kaum daran erinnern. Es ging um Frösche und Hasen, glaube ich – langweilige Geschichten, sehr, sehr langweilig. Aber es funktionierte irgendwie: Nach geraumer Zeit konnte ich lesen.

Zu Hause gab es eine Eichenfurnier Schrankwand, der Stolz meiner Mutter, und in einem der Regale thronte eine Buchattrappe: zwei Meter Schiller, Shakespeare und Goethe. Die Buchrücken symbolisierten wohl ernsthafte Bildung, doch dahinter waren leere Kartonschubladen. Nichts Geschriebenes, weit und breit! Lesewüste!

Da passierte das Wunder: Eines Tages, als mein Vater von der Arbeit kam, brachte er mir ein Buch mit. Wow, ich sehe noch sein Gesicht vor mir, wie er stolz lachte:

»Hier, mein Sohn: Karl May, Band eins, *Durch die Wüste*. Musst du lesen! Spannend!«

Und ich las. Auch nachts mit der Taschenlampe unter der Bettdecke, mit wachsender Begeisterung.

Zu jedem Anlass ließ ich mir nun einen Band von der

70-bändigen Bamberger Ausgabe schenken. Ich glaube, ich habe es auf 50 Bände geschafft, bis ich vorübergehend das Interesse verlor. Zwischen meinem achten und vierzehnten Lebensjahr war mir Karl May eine große Inspiration. Auf der Straße wurden wir »Blutsbrüder«, bauten Sam Hawkens Liddy nach, die »Silberbüchse« von Winnetou, den »Bärentöter« und den »Henrystutzen« von Old Shatterhand, streiften durch die Wälder mit der Schleichtechnik unserer Helden.

Später, während des Germanistikstudiums in Berlin, lebte dieses Karl-May-Fieber noch einmal auf. Karl May war damals noch nicht gecancelt, aber galt bei manchen der Studenten und anderen gebildeten Leuten als Trivialliteratur. Dagegen wiederum formierte sich eine Bewegung, die Karl May leidenschaftlich verteidigte. Das gipfelte darin, dass ab 1987 eine historisch-kritische Ausgabe von Hans Wollschläger und Hermann Wiedenroth herausgegeben wurde. Und mit anderen Karl-May-Fans diskutierte ich lebhaft, was an diesen Büchern so besonders war. Dabei hatte ich in dem besetzten Haus in Kreuzberg, in dem ich wohnte, große Unterstützung von einem Mitbewohner, der genauso wie ich für Karl May brannte. Er fand, Winnetous und Old Shatterhands Beziehung sei voller homoerotischer Momente, also unglaublich fortschrittlich. Ich war von der These nicht restlos überzeugt. Einig waren wir uns aber, dass Karl May eine Flucht aus der konservativen Enge der bundesrepublikanischen Nachkriegsgesellschaft ermöglichte. Er beflügelte die Fantasie einer ganzen Generation, regte mit seinen erfundenen und erträumten Geschichten unsere Kreativität an.

Auf jeden Fall hat Karl May in mir die Lust auf Abenteuer-geschichten entfacht und mich zum Lesen verführt. Mein kleiner Sohn ist Grundschüler und beginnt die Welt neu zu entdecken – über das Lesen. Ich begleite ihn begeistert beim Entziffern und Lesen von Straßenschildern, Werbeplakaten, Leuchtreklame und freue mich, wenn er ruft:

»Guck mal, Papa! Aaa-raaltankstelle!«

Ich habe diese Lesewelten auch immer wieder in die Schule getragen. Zunächst über Geschichten und über das Ge-schichtenerzählen. Das kannte ich nicht nur von meinen eigenen Kindern, sondern auch aus meiner Kindheit: Meine Oma hat immer Geschichten aus der Bibel nacherzählt, als wir klein waren. Auch die alten Märchen natürlich. Eigent-lich jede Form von Erzählungen, Balladen, Liedern, Mär-chen. Wenn mit verstellter Stimme die wechselnden Rollen vorgetragen werden ... Das hatte auf mich, auf meine Kinder, auch auf meine Schüler immer eine beruhigende und faszi-nierende Wirkung.

Im Unterricht – nicht nur im Fach Deutsch – habe ich das jeden Tag praktiziert. Und zwar ohne den sonst in der Schule so wichtig genommenen Popanz der Interpretationssche-mata. Was soll's, ob ich weiß, ob das jetzt ein Jambus oder ein Paarreim ist? Mir ging es mehr um Fantasie beim Erle-ben von Texten, denn das ist die beste Sprachförderung, die man Kindern mitgeben kann!

Im Laufe der Jahre merkte ich, was den Schülern gefällt, sie spiegelten mir das immer sehr deutlich. Und ich konnte auch an unterschiedliche kulturelle Traditionen anknüpfen. Ich brachte beispielsweise das Gilgamesch-Epos mit, mit seinen altbabylonischen Gedichten, oder die orientalischen Scheherazade-Märchen aus Tausendundeiner Nacht. Die Liebeslieder von Walther von der Vogelweide oder Cervantes' *Don Quijote*, den *Zauberlehrling* von Goethe, Jack Londons *Wolfsblut*, von Erich Kästner *Das fliegende Klassenzimmer*, *Ronja Räubertochter* von Astrid Lindgren und *Die Abenteuer des Huckleberry Finn* von Mark Twain.

So wuchs im Laufe der Jahre eine kleine Bibliothek in meinem Klassenzimmer, in der Karl May nicht fehlen durfte. Die Kinder waren fasziniert. Anfänglich musste ich die Geschichten erzählen oder ihnen vorlesen, aber zunehmend übernahmen sie das Lesen selbst, und das eine oder andere Kind fand sein Lieblingsbuch oder seine Lieblingsgeschichte. Ich kam aus dem Staunen nicht mehr heraus: Wie die Kinder sich da in alte und neue Welten hineinträumten ... Die Bücher hatten sie abgeholt und mitgenommen.

Wenn die Schülerinnen und Schüler einmal auf den Geschmack gekommen waren, forderten sie das Lesen und Vorlesen ganz selbstverständlich im Unterricht ein. Wenn ich es mal vergessen hatte, musste ich mir sofort anhören:

»Herr Bachmann, heute haben wir noch nichts gemeinsam gelesen!«

Das wurde dann sofort nachgeholt.

Als unsere Gesamtschule zur Ganztagsschule wurde, kamen eines Tages zwei türkische Schüler auf mich zu:

»Herr Bachmann, wir sind jetzt jeden Tag zehn Stunden hier, wir würden deshalb gerne in der Schule unser Mittagsgebet machen. Können wir unseren Gebetsteppich mitbringen?«

»Klar, könnt ihr machen.«

Das brachte mich auf die Idee, dass jeder Schüler einen Ruhe- und Rückzugsort bekommen sollte. Wir besorgten also ein paar Dutzend kleine Läufer – und ich nannte sie »Leseteppiche«. Die Initiative der beiden Jungen hatte für ein neues Ritual gesorgt: Einmal am Tag wurde ab jetzt eine Stunde lang gelesen. Entweder allein oder mit einer Freundin oder zu dritt konnte man sich zurückziehen, gemütlich auf dem Teppich sitzen und sich ein Buch schnappen.

Manche Kinder haben sich auch auf die Fensterbank gesetzt und die Vorhänge hinter sich zugezogen. Ganz beliebt war mein Lehrerpult, da wurden die Leseteppiche drumherum gehängt, sodass innen, unterm Tisch, eine kuschelige Atmosphäre entstand. Die Schüler waren extrem kreativ dabei, sich Rückzugsorte zu schaffen.

Das alles funktionierte nur, weil der ganzen Klasse klar war, was das Ausrollen der Leseteppiche bedeutete. Jetzt lese ich, gemeinsam oder alleine, aber ich rede nicht. Tolle Erfindung! So entstand ein Raum der Ruhe in der Schule, der die Schüler gleichzeitig mit dem wichtigen Grundnahrungsmittel »Buch« versorgte.

Wir tauschten uns natürlich auch rege über das Gelesene aus. Was hatte uns berührt? Was gefiel uns? Ich bezog sogar die Eltern mit ein. Bei den Elternsprechtagen, das kennt man ja, hängt normalerweise ein Zettel an der Klassenzimmertür, da kann man sich eintragen, kriegt einen Zehn-Minuten-Termin, rennt rein, rennt wieder raus, ab zum nächsten Lehrer. So lief das bei mir nicht. Grundsätzlich sind die Eltern immer mit den Kindern zusammen zum Elternsprechtag gekommen. Und oft habe ich diese Treffen mit irgendwelchen Projekten kombiniert, zum Beispiel zum Thema Lesen.

Ich sorgte dafür, dass wir von der Schule regelmäßig eine Lesekiste mit neuen Buchtiteln bekamen, sodass es für die Schüler nicht langweilig wurde. Die Bücher legte ich aus, wenn die Mütter oder Väter mit ihren Kindern kamen. Oft brachten sie auch noch jüngere Geschwister mit. Da war immer ein großer Andrang – und ich kümmerte mich darum, dass niemand das Klassenzimmer am Ende ohne ein Buch verließ. Den Titel durften die Mädchen und Jungen sich selbst aussuchen, oder wir sind mit den Eltern zusammen durchs Klassenzimmer gegangen und haben die Bücherstapel durchstöbert. Manchmal merkte ich, dass die Mütter bestimmte Vorlieben oder Abneigungen hatten – oder dass sie selbst gar nicht oder kaum lesen konnten. »Was machen wir denn da?«, fragte ich. Kann eins der Geschwisterkinder helfen? Ich erklärte den Eltern, dass die Kinder an mindestens vier Tagen die Woche abends jeweils zehn Minuten lang ein Buch in der Hand halten sollten:

»Ist mir wurst, ob die Mama es vorliest oder die ältere Schwester oder euer Sohn seinen jüngeren Brüdern. Aber es muss jeden Tag gelesen werden, und zwar dieses Buch. Und ich bin Johnny Kontrolletti, ich überprüfe das. Die Kinder müssen ihr Buch immer mal wieder mit in die Schule bringen, und dann guck ich, ob sie etwas darüber erzählen können.«

Das war natürlich alles nicht bierernst gemeint, ich machte das mit einem Augenzwinkern. Ich habe auch nie mit Strafpunkten oder mit schlechten Noten gedroht oder mit ähnlichem Quatsch. Ich wollte die Kinder einfach zum Lesen bewegen, am besten gleich mitsamt der ganzen Familie.

Im Unterricht fragte ich regelmäßig: »Wer hat sein Buch schon weitergelesen?« Dann ermutigte ich die Kinder, uns ihre Lektüren vorzustellen: »Erzähl mal: Was passiert denn da?« Und so kamen die Kinder vom Lesen ins Erzählen – und nicht selten kriegten andere Kinder auch Lust auf genau dieses Buch. Dieser Austausch war zentral! Ich merkte, dass die lebendige Kommunikation, die Interaktion über Gelesenes für die Bildung der Kinder und auch für die Erweiterung ihres teilweise noch sehr eingeschränkten Wortschatzes enorm wichtig war.

Und ich erkannte, wie viel Einfluss ich auf das Leseverhalten meiner Schülerinnen und Schüler nehmen konnte. Ich verbrachte so viel Zeit mit ihnen, da sollte es mir doch gelingen, sie zum Lesen zu motivieren. Zu Hause kamen viele von ihnen nie mit Büchern in Kontakt, es wurde, wenn überhaupt, auf Handybildschirmen geschrieben und gelesen. Die Schule war der einzige Ort, wo diese Kinder Menschen begegneten, die einen Zugang zu Büchern hatten. Und nachdem wir gemeinsam unsere Liebe zu erzählten und aufgeschriebenen Geschichten entfacht hatten, fingen die Kinder selbst an, Gedichte und Lieder zu schreiben und damit ihre eigene Welt mit Worten einzufangen.

In jeder meiner Klassen saßen Kinder, die erst seit Kurzem in Deutschland waren und gerade erst anfingen, Deutsch zu lernen. Für sie fand selbstverständlich auch Leseförderung in der Schule statt, didaktisch aufbereitet, mit speziellen Karteikarten, mit denen die Kinder schrittweise an das flüssige Lesen herangeführt werden sollten. Ich habe aber die Erfahrung gemacht, dass das oft nicht sonderlich gut funktionierte. Umso wichtiger war, dass wir Texte fanden, die die Kinder wirklich begeisterten.

Darum griff ich immer wieder zu Lyrik.

Einen festen Platz in meinem Repertoire hatten diese Zeilen:

> Hat der alte Hexenmeister
> sich doch einmal wegbegeben!
> Und nun sollen seine Geister
> auch nach meinem Willen leben.
> Seine Wort und Werke
> merkt ich und den Brauch,
> und mit Geistesstärke
> tu ich Wunder auch.
>
> Walle! walle
> manche Strecke,
> daß, zum Zwecke,
> Wasser fließe
> und mit reichem, vollem Schwalle
> zu dem Bade sich ergieße.

Ich deklarierte das wahnsinnig gerne, und auch die Kinder liebten es. Ein Mädchen aus Libyen ist mir besonders in Erinnerung geblieben. Sie sprach noch kaum ein Wort Deutsch, aber lernte den ganzen *Zauberlehrling* in zwei Tagen auswendig. Acht Strophen! Ich veranstaltete auch immer mal wieder kleine Wettbewerbe: Wer braucht wie viele Tage für ein ganzes Gedicht? Das spornte die Kinder richtig an.

Viele meiner Kollegen verstanden nicht, was ich da machte. »Du kannst doch in einer Hauptschulklasse nicht den *Zauberlehrling* durchnehmen! Das verstehen die Schüler doch gar nicht!« Solche Einwände ließ ich links liegen. Im Gegenteil, ich nahm zu Goethe auch noch Walther von der Vogelweide dazu, natürlich in der mittelhochdeutschen Fassung:

> Under der linden
> an der heide,
> dâ unser zweier bette was,
> dâ muget ir vinden
> schône beide
> gebrochen bluomen unde gras.
> vor dem walde in einem tal,
> tandaradei,
> schône sanc diu nahtegal.

Es wurde an der Schule quasi ein Running Gag, dass ich jedes Jahr mehr Hochliteratur machte. Und was soll ich sagen: Die Kinder fanden diese Sprache toll! (Wir vertonten die Gedichte auch, aber davon erzähle ich später noch.) Diese Texte sind einfach eine Wucht. Die klingen und singen und tönen und vibrieren! Wem beim Namen Goethe sofort vor Ehrfurcht die Eier schrumpfen, der merkt das vielleicht gar nicht mehr. Und es ist ja nicht so wie bei einer TV-Serie, wo die erste Staffel gelungen ist, und danach wird's immer mittelmäßiger. Nein, bei Goethe eröffnet sich mit jeder Strophe eine neue Welt. Der Text steigert sich, steigert sich, steigert sich, immer weiter, bis zum furiosen Schluss.

Die Kinder erfassen vielleicht noch nicht alle inhaltlichen Dimensionen des Gedichts. Aber sie verstehen intuitiv diese herrliche Sprache, sie spüren ihre Kraft, ihren Rhythmus. Sie merken, da konnte jemand mit Worten umgehen – und wie er es konnte!

Die Musikalität der Texte hat sie uns zugänglich gemacht. Ich habe meine Fünft- oder Sechstklässler nicht damit belästigt, dass da eine Zeile soundso viele Hebungen hat. Das kann man in der neunten oder zehnten Klasse immer noch durchnehmen. Mir ging es um Sprachgefühl, Sprachfreude, Sprachrhythmus.

Über Goethe kamen wir direkt zu Harry Potter – auch so ein Zauberlehrling, der die Geister, die er ruft, nicht mehr loswird. Den ersten Harry-Potter-Band hatten wir in mehrfacher Ausführung in unserer Lesekiste. Die Klassen merkten schnell, was da alles geklaut und was bei Goethe schon viel früher (und teilweise besser) vorhanden war. All das brachte uns die deutsche Sprache näher – und war allemal besser als diese Klassiker-Plagiate aus dem Deutschbuch, die ich noch nie ertragen konnte.

Auf den Schulfesten traten wir oft mit dem *Zauberlehrling* auf. Und wenn meine Hauptschüler auswendig und stolz die einzelnen Strophen vortrugen, manche von ihnen, obwohl sie noch kaum ein Wort Deutsch sprachen, fiel der ein oder andere Kollege fast vom Hocker.

9

KRÄFTE BÜNDELN UND TEAMS BILDEN

Ich habe viele Referendarinnen und Referendare ausgebildet. Die wenigsten sind dauerhaft im Lehramt geblieben. Viele haben aufgehört, sind mittlerweile beruflich ganz woanders gelandet. Ich habe mich oft gefragt, warum das so ist. Und warum ich es trotz vieler persönlicher Krisen am Ende geschafft und durchgehalten habe und in dem Beruf glücklich geworden bin.

Vielleicht hat es damit zu tun, dass es mir gelungen ist, andere mit ins Boot zu holen – und dadurch mit meinen Kräften hauszuhalten. Ich habe immer viel Anerkennung bekommen für meine Art des Unterrichtens – von Universitätsprofessoren, von Ausbildungsleiterinnen, von Praktikanten. Das tat gut und hat mich bestärkt. Aber ich habe mit den Jahren auch gelernt, während der langen Schultage für mich selbst zu sorgen. Etwa, indem ich Leute in meinen Klassenraum geholt habe, die mein Konzept mittrugen, die ihre eigene Energie reinsteckten und mich damit auf eine sehr schöne Weise unterstützt haben.

Das muss Schule in Deutschland in meinen Augen unbedingt noch mehr leisten, auch im Hinblick auf den dramatischen Lehrermangel und die vielen Studienabbrecher und verzweifelten Referendare: Wer unterrichtet, braucht jede erdenkliche Unterstützung von seiner Umgebung. Ich propagiere lautstark Team Teaching!

Zum Beispiel, wenn es um Instrumente und Musik im Klassenzimmer geht: Über die Jahre ist es mir gelungen, meine Klasse mit Dutzenden Gitarren, Keyboards und Drums auszustatten. Organisiert war das über Sponsoring, und dabei half ein sehr engagierter Vater tatkräftig mit. Ein einzelner Lehrer oder die Institution Schule kann das alleine gar nicht leisten, dafür ist alles im öffentlichen Haushalt immer viel zu knapp kalkuliert. Überall Mangel! Also musst du als Lehrer schauen, wie du für dich und deine Klasse auf anderen Wegen gut sorgst. Und das meine ich auch in emotionaler Hinsicht. Viele meiner jüngeren Kollegen sind ausgebrannt, krank geworden, haben den Job hingeschmissen – obwohl sie hervorragende Pädagogen sind. Der Frust und die Erschöpfung der Lehrer haben viel damit zu tun, dass sie sich weder gesehen noch unterstützt fühlen. Dann zieht der Beruf irgendwann nur noch Energie aus dir heraus – aber gibt dir keine Kraft zurück.

Meinen Referendaren habe ich deshalb immer gesagt: »Das Erste, an das du denken musst, ist deine eigene Kaffeepause.« Und damit meinte ich: Wann an einem langen Schultag sitzt du einfach mal da, trinkst deinen Kaffee, und niemand darf dich ansprechen?

Und das Nächste, was ich ihnen versucht habe klarzumachen: »Denk nie, du musst das alles alleine schaffen!«

Bei meinem Klassenraum standen zum Beispiel immer die Türen offen. Jeder durfte reinkommen. Manchmal schauten sogar Eltern spontan vorbei – und wurden natürlich sofort eingespannt. Oder wir Lehrer assistierten uns gegenseitig. An der Georg-Büchner-Schule habe ich mal drei Jahre lang mit meinem Kollegen Thomas zusammen eine inklusive Klasse unterrichtet. Ich fand es herrlich, manchmal einfach hinten drinzusitzen und still zu beobachten, während er vorne am Pult stand. Das war eine sehr schöne Zeit, eine tolle Arbeitsteilung. Aus meiner veränderten Perspektive aus der letzten Reihe fiel mir oft so einiges auf, was in den Klassen los war. Sachen, die mir entgingen, wenn ich selbst vorne in Aktion war.

Es ist doch völlig klar, dass man nicht 25 oder 30 Kinder gleichzeitig gut im Blick behalten kann. Der Einzelne geht da schnell unter. Also braucht es pädagogische Arbeitsteilung! Man wechselt sich beispielsweise mit den Unterrichtseinheiten ab: »Wenn du diese Woche die Einführung ins Bruchrechnen machst, sitze ich hinten und notiere mir, was mir auffällt, okay?« Was dann ins Auge springt, sind weniger die extrem lebhaften oder die verhaltensauffälligen Kinder – die sieht und hört man als Lehrer auch von vorne. Was auffällt, sind die ganz Stillen. Die, die richtig abtauchen. Ich hatte immer wieder solche Kinder in der Klasse. Wenn man zuerst mit einem Kollegen über diese Beobachtung sprechen kann und dann mit dem Kind vielleicht mal in ein längeres Einzelgespräch geht, erfährt man oft, wo die Probleme liegen. Was bei den Schülern zu Hause los ist, was sie verzweifeln lässt und warum sie sich dermaßen zurückziehen.

Zwischen meinem Förderlehrer Thomas und mir hat damals die Energie einfach gestimmt. Er war kreativ und engagiert, und wir konnten uns hervorragend austauschen. Ich erinnere mich, wie gut mir das tat: dass ich von einem Erwachsenen gespiegelt bekam, wie ich meine Arbeit machte, dass wir uns gegenseitig Anerkennung zollen und in schwierigen Situationen den Rücken stärken konnten.

Das zu realisieren, war eine sehr wichtige Erkenntnis für mich.

Was ich mit der Zeit auch verstand: Es kommt – ob als Lehrer oder als Vater – auf die gute, stabile Beziehung zu den Kindern an, aber sicher nicht darauf, sie permanent zu animieren, zu bespaßen oder zu unterhalten. Eltern haben das Recht auf ein eigenes Leben, genauso wie ein Lehrer während eines langen Schultags das Recht auf kurze Auszeiten hat. Als Vater habe ich mich oft mit der Gitarre auf den Balkon gesetzt. Wenn mein Sohn zu mir kam mit der üblichen Frage – »Papa, was soll ich machen? Mir ist langweilig!« –, habe ich oft geantwortet: »Setz dich gerne dazu, du kannst trommeln oder singen oder sonst was machen.« Es war klar, dass ich für ihn da war. Aber es war auch klar, dass ich ihm jetzt keine zehn Vorschläge gegen seine Langeweile unterbreitete. Auf die Ideen musste er schon selbst kommen.

Wer sich als Erwachsener immer alleine für alles zuständig fühlt, immer für andere auf Stand-by ist und sich selbst dabei völlig aus dem Blick verliert, der muss ja verrückt werden – oder vor Stress zusammenbrechen. Da gehst du über kurz oder lang in die Knie, egal wie stark du bist. Weil du selbst gar nicht mehr vorkommst. Gar nicht mehr vorhanden bist.

Meine Kinder kennen es genauso wie meine Schülerinnen und Schüler, dass ich mit im Raum bin, erreichbar und ansprechbar, falls es ein gravierendes Problem gibt, aber dass ich auch mal eine halbe Stunde seelenruhig meine Zeitung lesen und eigentlich nicht gestört werden will. Mir diese Phasen der Entspannung selbst zu gönnen, das musste ich mühsam lernen. Weil dieser wahnsinnige Anspruch, den man als Erwachsener an sich selbst hat – man will es ja besser machen als die eigenen Eltern oder als die eigenen Lehrer –, dieser Anspruch steht heute immer im Raum, in der Schule genauso wie in den Familien.

Was dagegen hilft? Klare Strukturen. Das heißt nicht, dass man nicht zugewandt und spontan sein darf. Aber man muss für sich selbst Räume der Ruhe schaffen. Die Verfügbarkeit muss Grenzen haben. Auch im Schulalltag. Denn sonst treiben wir den Lehrermangel weiter in die Höhe, weil die Leute zu Recht aus dem Beruf fliehen.

Leider hat sich das Team Teaching in Deutschland noch längst nicht flächendeckend durchgesetzt. Ich musste mir also immer anderweitig Unterstützung organisieren. Zum Glück findet Schule nicht im luftleeren Raum statt. Und so knüpfte ich im Laufe der Jahre immer mehr Netzwerke und holte – mal absichtlich, mal zufällig – Leute in meinen Unterricht hinein.

Da war zum Beispiel Frau Wiese, eine alte Dame, die gegenüber dem Schulgebäude in einem mehrstöckigen Miethaus lebte. Ihr Balkon lag so, dass sie von dort aus das Geschehen in meinem Klassenzimmer verfolgen konnte. Eines Tages stand sie mit einem großen Blech selbst gebackenem Kuchen in der Tür und lachte:

»Ich hab's genau gesehen, ihr habt Hunger!«

Das war der Beginn einer guten Beziehung. Einige Mädchen aus meiner Klasse halfen ihr manchmal sogar, die Einkäufe aus dem Auto in die Wohnung zu tragen.

Wie wohltuend und anregend gute Nachbarschaft sein kann, spürten die Kinder auch bei anderen Gelegenheiten. So nutzten wir regelmäßig eine Streuobstwiese als Outdoor-Klassenzimmer – aber direkt daneben lag leider ein völlig zugemüllter Anwohnerparkplatz. Ein Schüler, dessen Familie in dem Viertel lebte, berichtete, dass viele der Nachbarn sich darüber beklagten, dass alle möglichen Menschen rund um den Parkplatz ihren Müll entsorgten.

So entstand unsere Idee, da mal richtig aufzuräumen. Die Schülerinnen und Schüler füllten Dutzende Müllsäcke, und wir fuhren mehrere Male mit meinem Hänger zur Mülldeponie. Das Ergebnis überraschte uns alle: einfach toll! Wir saßen da und schauten auf einen ganz anderen Ort. Beim Aufräumen war alles ein bisschen eklig gewesen, aber jetzt ... Wir hatten etwas bewirkt und bekamen zum Dank Kakao und Kuchen von den Anwohnern. Wieder neue Kontakte, wieder ein gemeinsames Erfolgserlebnis – und wieder so viel gelernt! Nicht nur ganz konkret über Umweltschutz, sondern auch abstrakt etwas über Verantwortung und Gemeinschaft.

Ein anderes Beispiel: Die Mutter eines Schülers hatte die Idee, in einem nahe gelegenen Altersheim eine kleine Weihnachtsfeier zu veranstalten. Weihnachtsfeiern waren auch Höhepunkte in unserem Schulleben. Wir luden also Eltern, Freunde und möglichst viele Geschwisterkinder zu den Vorbereitungen ein, sodass das Klassenzimmer fast platzte. Es wurde zusammen gebacken und gebastelt, und wir studierten auch etliche Weihnachtslieder ein. Das alles kam im Altersheim zum Einsatz. Die Schüler ernteten hinterher viel Lob, und der Stolz war ihnen in die Gesichter geschrieben.

Was mir dabei mit den Jahren immer klarer wurde: Schule sollte auf jeden Fall ein offener Lebensraum nicht nur für Schüler und Lehrer, sondern auch ein Begegnungsort sein für Eltern und Nachbarn, für Studentinnen und Praktikanten, Referendare, Menschen aus Vereinen usw. Bei uns kamen Mütter und Väter regelmäßig zu Besuch und stellten ihre Berufe vor: Schreiner, Bäckerinnen, Dachdecker, Krankenpflegerinnen, Staplerfahrer, Tattoo-Stecherinnen belebten auf diese Weise den Unterricht. Besonders beliebt waren die Graffiti-Künstler, die den Schülern Anfängerkurse im Sprayen anboten. Auch ich habe so einen Zugang zu dieser Kunstform bekommen, auch wenn mein Herz weiterhin stärker für die Steine schlägt. Wieder war das Ergebnis dieser Begegnung am Ende für alle sichtbar: Ein Riesen-Graffito ziert bis heute eine der Schulmauern.

Einmal spazierte im Winter ein fremder Mann in unser Klassenzimmer, der mit seinem Auto am Hang im Schnee stecken geblieben war. Er bat mich und ein paar Schüler, ihn anzuschieben. Das machten wir sofort, war doch klar! Dieser Mann fühlte sich bei uns so wohl, dass er uns nun immer mal wieder besuchte. Er setzte sich einfach mit in den Raum, half hier und da bei den Hausaufgaben oder lockerte die Stimmung mit seinen Späßen auf.

Ohne eine offene und einladende Atmosphäre wäre das alles vielleicht nie passiert. Ich wäre allein geblieben, mit der gesamten pädagogischen Last auf meinen Schultern.

Um das zu vermeiden, ließ ich meine Klassenzimmertür grundsätzlich immer offen.

Wir hätten sie eigentlich auch aushängen können.

10

NACHTS IM KLASSENZIMMER

Als ich mit Ende 30 wieder Lehrer war, und diesmal so richtig, wurde mir schnell klar, dass ich den Beruf nicht ausüben kann, wie man das halt so macht. Um bei mir selbst zu bleiben, musste ich weiterhin gegen den Strom schwimmen. Das hat häufig ziemlich viel Kraft gekostet, vor allem am Anfang, als ich Angst davor hatte, jeden Moment zum Schulleiter gebeten zu werden.

Doch zum Glück blieb die Kündigung aus. Und ich habe mir mehr und mehr Freiheiten erkämpft. Auch weil ich merkte, dass meine Schüler durch meine Methoden deutlich besser in Mathematik oder Deutsch abschnitten als zuvor. Wahrscheinlich ist das auch der Grund, warum ich trotz meiner ziemlich eigenwilligen Ansätze nie ernsthafte Probleme mit der Schulleitung oder mit den Kollegen bekam.

Im Nachhinein habe ich viel darüber nachgedacht, woher diese innere Freiheit kam. Woher nahm ich die Energie, auch unbekannte Wege einzuschlagen, die nicht den Normen der Schule und der Gesellschaft entsprachen? Sicher hat das viel mit dem Geist der späten 1960er- und der 1970er-Jahre zu tun, die mich als junger Mensch geprägt haben.

Ich hatte gerade Abitur in Baden-Württemberg gemacht,

mit 18 Jahren. Den Job in der Fabrik nahm ich nur an, um Geld zu verdienen – denn eigentlich wollte ich das, was damals viele wollten: raus, in die Freiheit. Die Welt sehen und kennenlernen. Durch Europa trampen mit ganz wenig Geld, aber ganz viel Entdeckerlust und Neugierde!

Diese Tour meiner Träume verlief in der Realität natürlich erst mal völlig anders, als ich mir das vorgestellt hatte. Stundenlang stand ich am Straßenrand und hielt den Daumen raus. Keiner hielt an, niemand nahm mich mit. Teilweise kam ich gar nicht vom Fleck – und musste notgedrungen den Bus in die nächste Stadt nehmen. Aber überall waren damals junge Menschen wie ich unterwegs, das machte großen Spaß. Heute ist das wieder ganz ähnlich, es gibt ja seit einigen Jahren ein richtiges Interrail-Revival. Irgendwann verschlug es mich jedenfalls nach Südfrankreich, in das ich mich sofort leidenschaftlich verliebte. Richtig hängen blieb ich in Avignon. Dort hausten wir zusammen in einem Haus, lauter junge Aussteiger. Eine von ihnen war eine Amerikanerin um die 30, mindestens zehn Jahre älter als ich. Sie kam aus New York, wo sie jahrelang in einem großen Architekturbüro gearbeitet hatte. Davon hatte sie irgendwann die Nase voll. Sie kündigte, nahm ihre gesamten Ersparnisse und beschloss, nach Europa zu fliegen und diesen Kontinent zu entdecken. Zwei, drei Jahre lang war sie schon unterwegs. Entsprechend sah auch ihre Kleidung aus, leicht zerlumpt, wie eine Hippie-Lady, mit langem Rock und Bändern in ihren dunklen Haaren. Ich fand sie toll, und ihr Freiheitsdrang imponierte mir.

Sie wiederum mochte meine Gitarre – und sie ging, genau wie ich, gerne schwimmen. Eines Abends standen wir am

Ufer des Flusses und zogen uns aus. Plötzlich fing sie lautstark an zu lachen und zeigte dabei auf meine enge weiße Feinripp-Unterhose. Ich trug immer noch die Unterwäsche, die mir meine Mutter als Kind verordnet hatte. Dass das so sein muss, dass man solche Unterhosen nun mal trägt – egal, ob sie bequem sind –, das hatte ich nie infrage gestellt. Die Amerikanerin fragte mich auf Englisch, ob ich ein Taschenmesser in meinem Rucksack hätte. Ja, hatte ich. Das nahmen wir, und mit einer feierlichen Handbewegung wurde mir meine spießige Unterhose vom Leib geschnitten. Ab diesem Abend trug ich einfach keine mehr. Die Unterhose stand für etwas, das ich in diesem Sommer insgesamt hinter mir ließ. Sie stand für eine bestimmte gesellschaftliche Enge, eine Erwartungshaltung, wie die Dinge ordnungsgemäß zu sein hatten. Davon hatte ich mich nun befreit.

An diesem Abend in Südfrankreich hatte ich etwas begriffen: Manchmal muss man Konventionen hinter sich lassen und etwas Neues, Ungewohntes ausprobieren.

Später habe ich versucht, diese Grundhaltung auch an meine Kinder weiterzugeben, und mich immer unglaublich gefreut, wenn sie ihre eigenen unkonventionellen Wege gefunden haben, mit den Herausforderungen des Lebens umzugehen. Wenn sie sich getraut haben, etwas Äußeres, Anerzogenes abzustreifen. Graham Nash, dieser tolle Rockmusiker und Liedermacher aus den 1970er-Jahren, hat mal gesungen: *Teach your children well [...] and feed them on your dreams.* Es geht darum, dass die kindliche Seele von den Erwachsenen gut genährt werden sollte – weil Kindern so überhaupt erst das Träumen ermöglicht wird. Ein wunderschönes Lied, das ich immer noch sehr gerne singe. Man könnte fast sagen, dass es sich wie ein roter Faden durch mein Leben zieht.

Kindern und Jugendlichen tut es jedenfalls nach meiner Erfahrung unglaublich gut, wenn man ihnen als Eltern oder Lehrer von den eigenen Träumen oder von traumhaften Erlebnissen aus der Vergangenheit erzählt. Ich halte das für ein ebenso wichtiges menschliches Grundbedürfnis wie Essen, Trinken, Schlafen. Kinder, denen das alles gegeben wird, fangen irgendwann an, ihre eigenen Träume zu träumen. Sie finden Zugang zu ihren eigenen Liedern, Geschichten, Filmen, zu ihrer eigenen Art, zu tanzen und zu leben – das ist jedenfalls meine große Hoffnung. Doch dafür brauchen sie eben auch Anstöße! Umgekehrt geben sie uns Erwachsenen wertvolle Denkanstöße zurück.

Weshalb ich da so sicher bin? Vielleicht erklärt das die folgende Geschichte:

Manchmal muss man das Glück nicht lange suchen, sondern findet es direkt vor der Tür. Wortwörtlich: Neben unserem Klassenzimmer an der Georg-Büchner-Schule gab es noch einen zweiten großen Raum – direkt Wand an Wand –, den wir aber nur selten nutzten. Über die Jahre war der Raum irgendwie zur Rumpelkammer verkommen. Wir bewahrten dort alles Mögliche auf, vor allem Stühle und Tische, aber auch eine Menge brauchbares und nicht mehr brauchbares Unterrichtsmaterial. Jeder und jede schleppte sein Zeug dort hinein und trug so zum Wachsen des Berges bei.

Eines Morgens gehe ich mit Hussein und Jan in diesen Nachbarraum, um ein paar Stühle für Besucher zu holen. Einige Pädagogik-Praktikanten von der Uni sind gerade angekommen, die den Unterricht beobachten wollen – und die müssen ja irgendwo sitzen.

Wir kommen durch die Tür und sind total überrascht. So haben wir den Raum noch nie gesehen: von Licht durchflutet und dadurch auf einmal unglaublich gemütlich. Überhaupt nicht mehr kahl und abweisend und nichtssagend.

Wir vergessen augenblicklich, wieso wir gekommen sind, hocken uns zu dritt auf den Linoleumboden und genießen gemeinsam die Morgensonne, die durch die Fenster scheint. Schweigend sitzen wir da. Wie Lemuren.

Plötzlich schießt ein Gedanke in meinen Kopf und lässt mich nicht mehr los. In die Stille hinein frage ich die beiden: »Jan, Hussein! Stellt euch mal vor, anstelle dieses Linoleumbodens läge hier ein Holzdielenboden! Was meint ihr?«

Erst schauen die beiden etwas erstaunt, aber die Begeisterung lässt nicht lange auf sich warten.

»Herr Bachmann!«, sagt Hussein. »Ja, Herr Bachmann! Das machen wir!«

In der Mittagspause beginnen wir zu planen. Ein paar andere Kinder stoßen zu uns, Reha, Sarah, Aishe, Halil, auf einmal ist die Hälfte der Klasse begeistert von der Idee. Zunächst bemühen wir unsere Fähigkeiten aus dem Mathematikunterricht: Flächenberechnung. Ich erzähle den Kindern, dass es in einem Sägewerk in der Nähe Rauspunddielen für 20 Euro den Quadratmeter gibt. Wir machen uns direkt ans Vermessen und Multiplizieren: Gut 50 Quadratmeter misst der Raum. Mal 20 – da sind wir schon allein fürs Holz bei 1000 Euro. Dazu brauchen wir auch noch ein paar Bündel dicke Latten als Unterbau und jede Mengen Schrauben – und Schrauben sind teuer!

Am Ende kommen wir mit unserer Kalkulation bei knapp 1500 Euro raus. Ganz schön viel.

Woher das Geld nehmen? Wir überlegen zusammen. Ein Jahr zuvor haben wir es schon mal geschafft, eine ähnlich hohe Summe für die Instrumente in unserem Klassenzimmer aufzutreiben. Vielleicht würde unser neues Projekt ja auch wieder auf Unterstützung bei umliegenden Geschäften oder bei Eltern oder anderen Freunden der Schule stoßen?

Und tatsächlich, einige Wochen später ist es so weit: Unsere Begeisterung war so ansteckend, dass der Funke übersprang. Auch diesmal haben wir das Geld zusammenbekommen! Der neue Schulleiter ist ebenfalls einverstanden – ein super Typ, ohne ihn wäre vieles gar nicht möglich gewesen!

Nun liegt unser Baumaterial verheißungsvoll im Schulflur und im Nachbarraum. Es fehlen nur noch die helfenden Hände. Zum Glück können wir weitere Schülerinnen und Schüler überzeugen mitzumachen. Einen handwerklich begabten Referendar holen wir auch noch ins Boot – und dann nimmt unser Projekt endlich Fahrt auf!

Die jährliche Projektwoche kommt wie gerufen, die wollen wir zur Umsetzung nutzen. Alle erforderlichen Genehmigungen habe ich mittlerweile eingeholt. Und zu unser aller Glück ist einer der Väter meiner Schüler ein Schreinermeister mit eigener Schreinerei. Er wird uns anlernen.

Montagmorgen, los geht's! Der Vater zeigt uns Anfängern, wie man einen Dielenboden richtig verlegt. Wilder Verband mit verdeckten Schrauben. Ganz schön anspruchsvoll. Aber es dauert nicht lange, bis wir uns eingearbeitet haben. Von Tag zu Tag werden wir besser, und die Quadratmeter laufen

nur so unter unseren Händen weg. Am Ende der Projektwoche sind wir fertig.

Stolz blicken wir Samstag nachmittags auf unser Werk:
Überall liegen nun wunderschöne Holzdielen, letzte Lücken
sind geschlossen worden, das Werkzeug ist sauber wegge-
räumt – und der feine Goldschimmer, den Jan, Hussein und
ich an unserem ersten Sonnenmorgen hatten aufblitzen
sehen, ist nun für alle sichtbar aus dem Grau des Zimmers
herausgemeißelt.

Der Raum leuchtet.

Nur noch allerletzte Arbeiten, dann ist das Projekt voll-
endet: Denn ölen werden wir die Dielen natürlich auch. Das
bedeutet: Zwei lange Tage müssen wir uns noch gedulden.

Am Mittwoch der nächsten Woche ist es soweit: Die ganze
Klasse sitzt in Socken auf dem Boden in unserem neuen
Raum und atmet diesen ganz eigenen Holzgeruch ein. Was
sind wir stolz! Das hier haben wir gemacht, mit unseren
Händen. Aus unserem Traum, aus unserer Vision ist Wirk-
lichkeit geworden.

Und das ist natürlich nicht das Ende der Geschichte. Im
Gegenteil: Eigentlich fängt das Träumen und Planen jetzt
erst richtig an! Zusammen spinnen wir wild herum, was wir
mit diesem Ort alles machen könnten: Musik ... oder ... jonglieren oder ... malen ... oder einfach faulenzen ...

Während wir das alles lebhaft besprechen, wird uns plötzlich auch klar, wie wir den Raum einrichten wollen. Beziehungsweise wie wir ihn nicht einrichten wollen. Denn außer
ein paar Regalen braucht es doch gar nichts! Wir wollen ihn
so, wie er jetzt ist, belassen: hell, offen, einladend, leer – und
allzeit bereit für das, was uns einfallen wird.

Nach all der anstrengenden Arbeit ist aber natürlich eine Einweihung angebracht. Zum Glück sitzt Ronja mit uns in der Runde, sie hat immer an der richtigen Stelle gute Einfälle: »Herr Bachmann, in der Grundschule haben wir mal eine Lesenacht gemacht, also im Klassenzimmer geschlafen und uns den ganzen Abend gegenseitig vorgelesen. Oh, das war so schön, Herr Bachmann!«

Eine Übernachtung mit der ganzen Klasse? Zwei Mädchen, die die Grundschullesenacht damals mit Ronja erlebt haben, sind ebenso Feuer und Flamme. Wir lauschen ihrer begeisterten Beschreibung und staunen. Bald nicken die anderen zustimmend: Genau das machen wir!

An einem Freitagabend versammeln wir uns in unserem neuen Lieblingsraum. Alle sind in gemütlichen Trainingshosen gekommen, einschließlich Lehrer und Praktikant. Wir stellen Kerzen in die Mitte und einigen uns auf das Buch, das heute vorgelesen wird: Tolkien. *Der Hobbit.*

Im Laufe der Nacht gibt es viel zu hören, zu reden, zu knabbern. Nur der Schlaf kommt etwas kurz. Aber das macht nichts. Morgens schauen noch ein paar Eltern vorbei und bringen uns Leckereien zum Frühstück mit. Wir sind müde, aber auch absolut glücklich.

In den folgenden Jahren haben wir an diesem Ort viele kleine und größere Projekte verwirklicht. Auch andere Klassen durften den Raum nutzen. Nach und nach zogen etliche Instrumente ein, ein paar Regale und Bücherkisten. Nur Tische oder Stühle hat unser Raum nie zu sehen bekommen.

Und manchmal, wenn wir dort morgens die Tür öffneten und die Sonne mal wieder die Dielen wärmte, konnten wir es selbst kaum fassen: Die Chance zu dieser Veränderung war schon immer direkt vor unserer Nase gewesen. Aber gesehen hatten wir sie nicht. Jetzt war der neue Raum aus dem Schulalltag nicht mehr wegzudenken. Er gehörte zu uns.

Und das Tollste für mich als Lehrer: Die Schüler und Schülerinnen gestalteten ihn immer wieder neu. Je nachdem, was sie gerade so mit ihm vorhatten. Es hatte nur einen einmaligen Anstoß gebraucht, danach ging es ganz von selbst. Das zeigt auch: Überlässt man den Schülern Räume, sind erstaunliche Erfahrungen möglich, die niemand vorhersehen kann. Man muss nur erkennen können, wenn sie sich abzeichnen. Unterrichtsplanung ist wichtig! Genauso wichtig aber ist es, flexibel zu bleiben und spontan reagieren zu können, wenn die Sonne einen an der Nase kitzelt.

11

BIS ALLE SATT SIND

Als Kind habe ich oft bei meiner Oma gegessen. Mein Lieblingsessen hieß Stipp-in-die-Pfanne. Meine Oma hatte einen alten, mit Holz betriebenen Küchenofen mit Wasserschiff. Die Unterhosen hingen zum Trocknen an der Decke darüber. Auf dem Ofen bereitete sie meistens eine riesige Pfanne mit Essen zu: Bratkartoffeln, Zwiebeln und Speck und dazu geröstetes Brot.

Das stellte sie mitsamt der Pfanne auf den Tisch, und davon aßen wir zu viert: meine Oma, meine kleine Schwester, ich und der Kostgänger. Der Kostgänger – eine ganz seltsame Erscheinung, die ich kurz erklären muss.

Meine Oma war Kriegerwitwe. Sie hatte keinen Mann mehr und wollte vielleicht auch keinen mehr. Jedenfalls hatte sie eine Art Untermieter, der Kostgänger zahlte ein bisschen Miete und bekam dafür ein Zimmer und konnte mitessen. Er musste sich ab und an auch im Haus nützlich machen, die Kohlen in den Keller schaufeln oder die Bäume im Garten schneiden. Meine Mutter, die ich später mal danach fragte, hatte die Vermutung, dass dieser Kostgänger auch nächtlings für meine Oma Dienstleistungen vornehmen musste. Wer weiß. Eine seltsame soziale Erscheinung nach dem Krieg jedenfalls, diese Kostgänger, die in vielen Ruhrgebietsfamilien vorkamen.

Unser Kostgänger saß immer dabei, redete kaum, aber er lachte und war ein netter Kerl. Wir aßen alle zusammen, ohne Teller, einfach aus der Pfanne, und es war herrlich. Zum Nachtisch gab es die tollen eingemachten Birnen von meiner Oma. Meine Schwester und ich liebten die über alles.

Was nun hat das Essen meiner Kindheit mit meinem Lehrerleben zu tun? Sehr viel! Schon an der Richtsberg-Gesamtschule, einer meiner ersten Stationen nach meinen Steinbildhauerjahren, lehrte mich ein lustiger Zwischenfall, dass Essen und Lernen sehr nah beieinanderliegen.

Die Richtsbergschule war eine Brennpunktschule. Der Schulleiter ließ mich mit den Kindern Steine klopfen, als Kunst- und Körpertherapie sozusagen. Es gab an dieser Schule viele inklusiv beschulte Kinder mit körperlichen Behinderungen. Eigentlich hätte das zweigeschossige Gebäude deshalb einen Fahrstuhl gebraucht. Den gab es aber nicht, und ein nachträglicher Einbau war zu teuer. Stattdessen wurde Alfred engagiert. Seine Aufgaben bestanden unter anderem darin, die Kinder, die nicht laufen konnten, die Treppen vom Erdgeschoss in den ersten Stock zu tragen. Von Beruf war er eigentlich Schreiner, ein Schrank von einem Mann, dem die Arbeit mit den Kindern sehr viel Spaß machte.

Alfred hatte sich mit einem Gärtner angefreundet, und der wiederum hatte für die Richtsbergschule einen Schulgarten angelegt. Dort wuchs allerlei Gemüse, das die Kinder selbst angepflanzt hatten. In unseren Pausen gingen Alfred und ich gerne ein paar Schritte durch den Garten. Doch eines Tages stutzte ich.

»Schau mal, Alfred, die Mohrrüben.«

»Woas?«

»Die sehen bisschen traurig aus, findest du nicht?«

Wir schauten beide etwas ratlos auf die lange Reihe welker Blätter, die da im Beet hingen.

»Komisch«, meinte Alfred und zog eine der Mohrrüben aus der Erde. Nur – da war nicht mehr viel zum Rausziehen. Eine Menge Mohrrüben hatten die Schüler offenbar geklaut, mitgenommen, aufgegessen – aber anschließend das Möhrengrün fein säuberlich in Reih und Glied wieder ins Beet gesteckt. So war ihr Mundraub auf den ersten Blick überhaupt nicht aufgefallen.

Wir zwei saßen auf dem Boden und haben uns gewälzt vor Lachen. So sehr freuten wir uns über diesen erstaunlich kreativen Einfall.

Und ich hatte als Lehrer wieder sehr viel über meine Schüler gelernt. Einmal über ihren Humor: Ich bin sicher, die jugendlichen Diebe wussten, dass ihre Vertuschungsaktion nicht lange funktionieren würde. Vielleicht hatten sie ein schlechtes Gewissen. Oder sie fanden einfach Gefallen daran, den äußeren Schein im Beet zu wahren.

Ich lernte zugleich etwas über ihren Drang zur Eigenständigkeit. Hätten die Jungs oder Mädchen uns gefragt, ob sie einige der Möhren rausziehen könnten, hätten wir ja sofort zugestimmt: »Na klar, erntet! Esst!« Aber das war ihnen wohl zu langweilig. Es machte ihnen offensichtlich viel mehr Spaß, sich heimlich in den Schulgarten zu schleichen und die Mohrrüben unbeobachtet zu knabbern.

Insgesamt fand ich die gesamte Aktion unglaublich witzig und bereichernd: Wir Lehrer bauen mit den Klassen aus pädagogischen Gründen Mohrrüben an – und die Schüler nehmen das so wichtig, dass sie sich die Mühe machen, sie geschickt zu erbeuten, um haufenweise rohes Gemüse in sich reinzustopfen. Lernziel erreicht!

Denn gesunde Ernährung war an dieser Schule ansonsten überhaupt nicht selbstverständlich. Auf den Klassenfahrten bekam ich die Essgewohnheiten der Jugendlichen aus nächster Nähe mit. Wenn ich sie fragte: »Welche Gerichte wünscht ihr euch?«, wusste ich die Antwort im Voraus: Sie lautete »Pizza!« oder »Spaghetti Bolognese!«. Das mochten alle. Stand aber noch ein Salatteller daneben, hieß es: »Bäh! Igitt!«

Schon deshalb waren Alfred und ich glücklich, dass sich einige Schüler nun offenbar freiwillig ein paar Vitamine zugeführt hatten.

»Wenn das so einfach funktioniert, pflanzen wir auch noch Salat«, meinte Alfred lachend.

»Ja, super Idee!«

Ich stellte mir vor, wie die Jugendlichen in den Pausen in den Garten schleichen und sich ein paar Blätter abzupfen würden. Genau wie wir früher als Kinder. Wir haben auch ständig irgendwo Äpfel oder Rüben geklaut oder Kartoffeln vom Feld mitgehen lassen. Schmeckte einfach immer nach Abenteuer. Mindestens so gut wie an den herrlichen Geschmack im Mund erinnere ich mich an das wohlige Gefühl von Selbstermächtigung. Ich geh nicht in den Laden, wenn ich Hunger oder Durst habe, ich melke die Kuh im Stall selbst. Ich begriff: Wenn es Kindern ermöglicht wird, sich auch um ihr leibliches Wohl zu kümmern, dann läuft es in der Schule schon mal grundsätzlich in die richtige Richtung.

Anhand von Essen lernte ich in meiner Kindheit nicht nur etwas über Wärme und Gemeinschaft, sondern auch etwas über zwischenmenschliche Großzügigkeit. Meine Oma war immer großzügig mit allem, was sie hatte. Da wurde der Nachbarin auch schon mal ein Sack Kartoffeln über den Zaun gehoben. In der Arbeitersiedlung gab man sich selbstverständlich gegenseitig etwas ab, man tauschte und verschenkte. Auch wenn Gäste zu uns kamen oder entfernte Familienmitglieder, gingen sie nie ohne Obst, Gemüse oder Eingemachtes nach Hause. Ich stamme aus einer riesigen Sippe, mit tausend Verästelungen im ganzen Ruhrgebiet. Da war es selbstverständlich, dass ständig jemand zu Besuch kam und mit am Tisch saß.

Meine Oma hatte außerdem einen Keller voller Einmachgläser. Auch die verschenkte sie regelmäßig, ohne mit der Wimper zu zucken. Mir missfiel das – vor allem, wenn es um die eingemachten Birnen oder Himbeeren ging, die ich so liebte.

Meine Mutter war ebenfalls sehr gastfreundlich. Wer zu uns kam, wurde bewirtet wie die Königin von Saba. Vielleicht war das nach dem Krieg einfach eine wichtige Überlebensstrategie. Überall herrschte Mangelwirtschaft, und man musste sich gegenseitig unter die Arme greifen und in der Familie und in der Nachbarschaft zusammenhalten, um über die Runden zu kommen.

Diesem großzügigen Geist meiner Kindheit bin ich später an der Georg-Büchner-Schule in meinen Hauptschulklassen wieder begegnet. Ich erlebte ihn sowohl bei den Kindern als auch bei ihren (oft überhaupt nicht wohlhabenden) Eltern.

Jedenfalls wurde das gemeinsame Essen für uns ein wichtiger Teil des Unterrichts. Eines Tages nahm ich eine riesige, selbst geschnitzte Eichenschüssel mit in mein Klassenzimmer, die bis an den Rand mit roten Äpfeln aus meinem Garten gefüllt war. Ich forderte die Schülerinnen und Schüler auf:

»Stellt mal eure Tische zusammen.«

Die Schale kam in die Mitte, und das Wunder geschah. Innerhalb von zehn Minuten waren alle Äpfel weg. Wir saßen genauso zusammen wie damals um den Küchentisch meiner Oma! Was für mich erstaunlich war: Für meine Schüler war das Apfelessen ein großer Genuss. Da sie ansonsten jegliche Art von Obst und Gemüse verweigerten, hat mich das angenehm überrascht. Und so wurde das Apfelessen zu einem Ritual.

Schnell verselbstständigte sich das mit der Obstschale. Auch die Kinder begannen Obst mitzubringen. Doch dabei blieb es nicht. Bald hatten sie eine neue Idee:

»Herr Bachmann, wir könnten doch auch mal Döner essen, hier in der Schule!«

Ich nickte, ja klar, warum nicht?

Und so wurde unser »Döner-Tag« erfunden. An einem Tag in der Woche aßen wir nun alle zusammen mittags Döner. Der Onkel eines Schülers aus der Nachbarklasse besaß einen Laden. Wir riefen an, bestellten, und mit großem Halali brachte er uns das Essen direkt ins Klassenzimmer. Besonders beeindruckt waren die Klasse und ich davon, dass Serdar aus der dritten Reihe gleich drei Döner verspeisen konnte.

Bei einem Elternabend erklärte ich den Eltern unserer Klasse den Döner-Tag und stellte ihnen frei, dafür monatlich etwas in die Klassenkasse einzuzahlen. Irgendwie klappte das, ohne dass wir jemals nachzählen oder jemanden um einen Betrag bitten mussten. Und natürlich aßen *alle* Kinder mit, völlig unabhängig davon, ob und wie viel ihre Eltern finanziell beigesteuert hatten. Zum Glück machte uns der Onkel mit dem Dönerladen einen besonders netten Spezialpreis.

Generell habe ich die Eltern meiner Schülerinnen und Schüler, viele davon türkischstämmige Muslime, über viele Jahre immer als sehr gastfreundlich wahrgenommen. Wir hatten zum Beispiel nie ein Problem, Essen für Klassenveranstaltungen oder Schulfeste zu organisieren – im Gegenteil, da bogen sich stets die Tische. Diese kulturell geprägte Großzügigkeit, die mir aus meiner eigenen Familie bestens vertraut war, merkte man auch am Umgang der Kinder miteinander. Wenn ein Schüler mal kein Geld für die Mensa dabeihatte, zahlte halt sein Freund. Sich gegenseitig einzuladen und auszuhelfen, war selbstverständlich.

Das gemeinsame Essen wurde ein fester Bestandteil unserer Schulwoche. Es schaffte eine instinktive Verbundenheit zwischen uns, weil wir ein ganz urmenschliches Grundbedürfnis friedlich und freundlich miteinander stillten. Und wer nicht essen wollte, der ließ es. Es gab teilweise sehr müde Schülerinnen, denen stand der Sinn weniger nach Essen – dafür mehr nach Schlafen. Die durften sich im Unterricht halt mal auf unser Sofa in der Leseecke legen und ein Nickerchen halten. Man musste in meinem Unterricht auch nie fragen, ob man auf die Toilette gehen durfte, sondern konnte einfach gehen. Und wenn jemand wirklich die Nase voll vom Unterricht hatte, konnte er mit einem Freund rausgehen, ein bisschen auf dem Schulgelände rumspazieren oder Basketball spielen.

Soweit das in einer Schule möglich ist, habe ich versucht, den Kindern Freiräume zu geben, in denen sie selbst entscheiden dürfen, was sie gerade brauchen. Sie sollten lernen, in sich hineinzuhören: Wann habe ich Hunger, wann bin ich erschöpft, wann muss ich zur Toilette, und wann brauche ich mal ein bisschen Bewegung? Ich bin zutiefst überzeugt: Wer das im Laufe seiner Kindheit und Jugend lernt, der ist als Mensch schon ein großes Stück vorangekommen.

Der Döner gehörte längst in mein Klassenzimmer, da hatten wir bei einer Schulkonferenz mit ein paar Kolleginnen die tolle Idee, dass wir an einem Samstagnachmittag doch mal die Schüler, ihre Eltern und alle ihre Geschwister in die Schule einladen könnten. Kein besonderer Anlass, kein besonderes Programm – einfach nur zusammen essen! Köstliches aus aller Welt probieren, pakistanisch, afghanisch, marokkanisch, russisch, deutsch, italienisch, türkisch und, und, und ...

Es war herrlich! Viele Erwachsene und noch mehr Kinder kamen und waren begeistert. Einprägsamer habe ich kulturelle Vielfalt noch nie erlebt als an diesem Tag über meinen Magen. Und das Ritual des gemeinsamen Essens, das nicht nur unsere Körper, sondern auch unsere Klassengemeinschaft stärkte, öffnete nebenbei die Tür für entspannte Elterngespräche.

Sicher hatte das damit zu tun, dass die Familien sich an der Schule willkommen fühlten – und das nicht nur als losgelöste Individuen im luftleeren Raum, sondern eingebettet in ihre jeweiligen Herkünfte und Traditionen. Für uns Lehrer wiederum ergänzten und erweiterten diese Begegnungen am Büfett unsere Sicht auf die Schüler. Wir erlebten sie plötzlich in einem ganz anderen Kontext und manche auch in einer anderen Sprache. Die Vielstimmigkeit und sprachliche Diversität waren mindestens so beeindruckend wie die köstlichen Speisen. Uns Lehrern wurde noch mal klar, was für einen Sprachschatz viele Kinder da eigentlich mit in die Schule brachten! Nicht nur der Magen kam bei diesem Festmahl auf seine Kosten – auch die Ohren durften schmausen.

Essen übt Sozialverhalten – das gemeinsame Tischdecken, ein gemeinsamer Beginn, dafür sorgen, dass alle gleich viel bekommen beziehungsweise dass jeder eine angemessene Portion erhält. Die Verteilung des Essens kann so auch das Gerechtigkeitsbedürfnis fördern und stillen. Und unterschiedliche Essensmengen sind völlig okay: Einer isst eben mehr, ein anderer isst weniger. Essensrunden – die mit guten Gesprächen gespickt sind – schaffen eine ruhige, gesunde Atmosphäre. Alleine zu essen, kann dagegen schnell zum Schlingen und Es-hinter-sich-bringen-Wollen verleiten.

Wichtig sind auch Toleranz und die wohlwollende Betrachtung dessen, was auf dem Nachbarteller liegt. Keine Bevormundung durch Eltern oder Lehrer – was auf meinem Teller liegt, entscheide ich. Auch sonst kein Druck, kein Manieren-Drill: Ein kleines Kind, das gerade essen lernt, kann noch nicht mit Messer und Gabel umgehen. Es ist völlig normal, dass sich ein Teil des Essens in der Umgebung verliert. Das als Teil des kindlichen Lernprozesses zu akzeptieren, ist sehr wichtig. Auch in der fünften oder sechsten Klasse ist dieser Prozess bei vielen Kindern noch nicht abgeschlossen. (Und Döner essen ist sowieso noch mal eine ganz besondere Herausforderung.) Trotzdem ist es auch nicht verkehrt, zu lernen, dass mein Schmatzen anderen den Appetit verderben kann.

Für Familien gilt vieles genauso. Meine Erfahrung ist, dass in vielen Familien nicht gemeinsam gegessen wird. Und das ist schade. Wer mit anderen isst, lernt eigene Grenzen zu erkennen, lernt Fremdes zu akzeptieren und das Gegenüber zu respektieren ... und das alles nebenbei und mit Genuss.

12

MOTORRADMÄRCHEN TEIL II DER TRAUM VOM BUNTEN LEBEN

Es gibt nicht viele Träume, an die ich mich erinnere, aber einer hat mich sehr beeindruckt. Ich habe ihn Anfang der 1990er-Jahre in verschiedenen Varianten nachts, aber auch immer wieder als Tagtraum durchlebt. In diesem Traum habe ich mit meiner roten Guzzi eine Tour in den Osten Deutschlands gemacht, um die neue Freiheit der Menschen dort zu erleben.

In meinem Traum war es Frühsommer, und ich fuhr und fuhr, als sich vor mir plötzlich ein verwildertes Tal öffnete. Die Straße wurde immer schmaler und war nun geschottert. Aber ich fuhr einfach weiter, und nach einer Linkskurve sah ich eine vergessene Fabrik vor mir aufragen. Die hatte etwas von einem Dornröschenschloss: Überwuchert mit Kletterpflanzen und Kletterrosen, lag das Gebäude verschlafen und scheinbar verlassen da.

Ein wunderschönes Bild.

Ich fuhr in den Hof hinein, wo mir eine enorme Pfütze den Weg versperrte. Auf der anderen Seite der Pfütze bot sich eine erstaunliche Szene. Da spielten Kinder, die auf einem riesigen Sandberg gut gelaunt eine Wasserrutsche konstruierten. Daneben kochten Männer und Frauen auf einer selbst gebauten Feuerstelle.

Ein Halbwüchsiger improvisierte auf seiner Geige, während sein Vater dazu mit dem Kochlöffel auf einem Topf den Takt klopfte und die kleine Schwester um sie herumtanzte. Ein wahnwitziges Bild, alle waren bunt gekleidet, trugen Bänder in den Haaren oder Kopftücher.

Ich stieg vom Motorrad, setzte meinen Helm ab, und dann geschah, was eigentlich nur im Traum passieren kann: Eine der Frauen am Feuer stand auf, zog sich ihr Kleid über den Kopf und ging auf der anderen Seite der Pfütze ins Wasser. Und diese Pfütze wurde auf einmal zum See, sie schwamm tatsächlich auf mich zu, ganz selbstverständlich. Als sie bei mir ankam, bedeutete sie mir, auch hineinzukommen. Ich lachte verlegen, denn selbst im Traum zögerte ich, einfach in eine Pfütze zu springen. Das konnte doch nicht gut gehen! Doch sie sagte: »Komm, nimm meine Hand und mach die Augen zu, wir schwimmen gemeinsam.«

Und siehe da, wir schwammen tatsächlich zusammen durch diese Pfütze, und das Wasser war herrlich frisch. Es fühlte sich an, als wären wir in einem Gebirgssee – doch plötzlich standen wir wieder nur knöcheltief im Wasser.

Dieser Traum ließ mich nicht mehr los, ich musste tage- und wochenlang daran denken ... bis ich schließlich meine Satteltaschen packte, meine Guzzi aus der Garage holte und mich ganz real auf den Weg in den Osten machte. Diese Frau musste ich finden, das war klar. Ich fuhr alle möglichen und unmöglichen Strecken ab, einige holprige Pfade und Schotterpisten, inklusive eines Platten. Dabei sah ich wunderschöne Landschaften und landete schließlich in der Nähe von Dresden. An einem Kiosk, bei einer Currywurst, erzählte mir einer der Stammgäste von einer abgelegenen Fabrikanlage in der Nähe, wo sich »ein buntes Völkchen« niedergelassen habe.

Ich spürte gleich: Das könnte sein, wonach ich suchte.

Als ich in den Hof der alten Fabrik einbog, wusste ich sofort, dass ich angekommen war. Es gab keine Pfütze und auch keine lockige Frau mit bunten Bändern in den Haaren, aber alles andere stimmte mit meinem Traum überein. Ich fühlte mich gleich wohl unter diesen Menschen, die so etwas wie eine kleine Hippie-Revolution der Befreiung des Ostens feierten. Mir kam das alles aus meinen Jahren in Westberlin bekannt vor. Dieser Teil meiner Vergangenheit war in mir immer wach geblieben.

Aber die Menschen hier verbanden das mit einem ganz anderen Gestus. Was mich an ihrer Gemeinschaft so faszinierte, war die Freude, die über allem lag, was sie taten. Sie wollten ohne äußere Zwänge leben und ihren Alltag mit ihren Familien und ihrer Arbeit selbst gestalten. Sie genossen die Freiräume, die vorher in der DDR nicht denkbar gewesen waren. Jeder Tag war eine Hochzeitsfeier der neuen Freiheit. Jahre später bekam ich mal eine Postkarte aus Spanien. Einige aus der Gruppe hatten sich einen alten DDR-Linienbus ausgebaut und lebten jetzt damit im Süden Spaniens an der Costa del Sol.

Etwa nach einer Woche in dieser Gemeinschaft passierte es doch: Wir saßen abends ums Feuer, machten Musik und tranken Bier, da kam eine Frau um die Ecke in den Hof, rot gelockt, und wurde von allen stürmisch begrüßt. Wir tranken und sangen und machten Musik bis tief in die Nacht hinein. Das war eine fantastische Nacht und der Beginn einer sehr liebevollen Geschichte. Ich hatte sie gefunden, die Frau aus meinem Traum!

13

MUSIK IST DER KÜRZESTE WEG ZUM GLÜCK

Ich stand kurz vor dem Ende meines Studiums in Berlin. Ich hatte endlich alles geregelt, alle Seminare abgeschlossen. Das Examensthema stand fest: die *Seldwyla*-Novellen von Gottfried Keller. Du meine Güte, wie war ich bloß darauf gekommen? In den letzten Wochen hatte ich jedenfalls viel Zeit in Bibliotheken verbracht, ganz viel gelesen, ganz viel kopiert. Der Studienalltag hing mir zum Hals heraus, die engstirnigen linken Studentengruppen mit ihren Grabenkämpfen untereinander nervten mich unsäglich. Ich wollte nur noch weg aus Westberlin. Und ich wollte auch meine Abschlussarbeit nicht mehr hier schreiben.

Während ich in dieser missmutigen Stimmung war, kam ein Brief. Ein Freund von mir hatte quasi im Lotto gewonnen: eine Erbschaft von seiner Oma. Tierisch viel Geld. Damit hatte er sich seinen Traum erfüllt und in Irland einen Landsitz gekauft – zusammen mit seiner Schwester. Er lud mich ein, ich sollte ihn doch mal dort besuchen. Die Aufforderung kam wie gerufen: also Examensarbeit in Irland, na klar!

Ich packte zwei Koffer voll mit Kopien und Büchern und nahm ansonsten nicht viel mehr als eine Zahnbürste, meinen Seemannspullover, ein Paar Jeans und eine Windjacke mit – das war's. Über Le Havre fuhr ich mit einer Fähre nach Dún Laoghaire und landete anschließend in der Nähe von Dublin. 28 Stunden mit vielen betrunkenen Iren an Bord, alle zusammen übernachteten wir im Speisesaal der Fähre – da ergaben sich schon die ersten Freundschaften.

Mit Bus und Bahn ging es für mich weiter in Richtung Limerick. Mein Freund Peter holte mich ab. Er wohnte ein paar Meilen südlich von Limerick, das Kaff war eigentlich nur ein größeres Dorf und hieß Adare Manor. Sein neues Anwesen war toll, und ich bekam ein wunderschönes Zimmer zugewiesen. Es gab auch einen freundlichen Hund, der immer schon an der Bushaltestelle wartete, wenn man nach Hause kam. Kurz: Alles war wunderbar, nur das Schreiben meiner Abschlussarbeit langweilte mich entsetzlich.

Daher war ich für jede Abwechslung dankbar. Eines Abends nahm Peter mich mit nach Limerick in eine Kneipe. »Tolle Leute!«, versprach er mir. »Da werden auch immer Gedichte gelesen und Lieder gesungen.« Ich konnte mir darunter nicht viel vorstellen, war aber neugierig. Als wir den Laden betraten, fiel mein Blick direkt auf Brendan Behan! Der geniale Schriftsteller und Dramatiker, der den Iren ihre sprachliche Identität wiedergegeben hatte, hier lebte er weiter. Dutzende Behan-Fotografien hingen groß an den Wänden. Und auch ein berühmtes Zitat zierte die Kneipenwand: *I only drink on two occasions – when I'm thirsty and when I'm not.*

In dem beeindruckenden Raum mit seinem riesigen eckigen Tresen und vielen gemütlichen kleinen Sofas und Tischen war am frühen Abend noch nicht viel los. Wir setzten uns an den Tresen, Peter trank sein Guinness, ich mein Lager. So langsam füllte sich die Kneipe. Um uns herum saßen und standen mehr und mehr Leute, die redeten und tranken und redeten und tranken. Der Wirt dirigierte die Schar seiner Gäste wie ein Orchester.

Doch plötzlich, ich weiß nicht, warum oder auf wessen Zeichen, änderte sich die Stimmung im Raum. Aus allen Ecken und unter den Sofas zogen die Leute nun Instrumente hervor. Auch der Wirt griff hinter sich und reichte einem Gast eine keltische Harfe über den Tresen. Ich sah mich erstaunt um: Was passierte hier gerade? Mit einem Mal hatte jeder Zweite in dieser Kneipe ein Instrument in der Hand, und alle begannen zu spielen.

Mir blieb der Mund offen stehen.

Sie alle jammten zusammen, das war völlig irre! Zur gleichen Zeit erhob sich auch der Gesang. Aus allen Kehlen klang es. Laut, mit Leidenschaft. Erste Gäste fingen jetzt auch, trotz der Enge, an zu tanzen. Der ganze Saal dröhnte, bebte, vibrierte vor Tönen und Bewegung. Rund 90 Prozent der Anwesenden waren Männer, dazwischen einige wenige Frauen. Rothaarige, lockig-wilde Hilden. Viel zu erwachsen, viel zu kraftvoll, viel zu schön für mich. Gegen diese Menschen hier war ich ein kleines, blasses Bürschchen mit meinen 25 Jahren.

Auf einmal ging die Tür auf. Ein älterer Schäfer mit noch älterem Geigenkasten kam herein. Ein strenger Schafsgeruch folgte ihm nach. Augenblicklich wurde es im Raum ruhiger. Viele unterbrachen ihr Spiel. Einer rief dem Schäfer zu: »Hey, Paddy! Come on, give us a song! We are waiting for you!«

Paddy streifte seine Jacke ab und packte in aller Seelenruhe seine Geige aus. Beziehungsweise: seine Fiddel. Die legte er aber erst mal nur vor sich hin. Dann rief er: »I need a pint of Guinness!« Blitzschnell wurden ihm zwei oder drei Guinness hingestellt. Die stürzte er, offenbar sehr durstig, in einem Zug hinunter. Parallel dazu klatschte der ganze Raum schon ungeduldig in die Hände: »Paddy, come on! Paddy, give us a song!«

Wie soll ich beschreiben, was nun passierte?

Zunächst war es ganz still. Allein, wie ein Solist, begann Paddy, auf seiner Fiddel eine Melodie zu spielen. Erst mal ertönte nur sein Instrument. Nun fing der alte Schäfer an zu singen. Und wie! So etwas hatte ich noch nie gehört, weder im Ruhrgebiet noch in Berlin. Ein uraltes Lied. Paddy sang dazu gälisch, und er sang guttural, kehlig. So, wie die Kelten vor zwei- oder dreitausend Jahren vermutlich auch schon gesungen haben. Er packte seine ganze Seele in seinen Gesang. Ganz ohne Eitelkeit und Geltungsdrang sang er. Aber aus vollem Herzen.

Als Paddy mit seinem Lied fertig war, spürte ich, dass mir Tränen übers Gesicht liefen. Peter sah es auch und legte seinen Arm um meine Schulter. Gemeinsam lauschten wir auch Paddys zweitem und drittem Lied. Und dabei geschah etwas, das mein ganzes Leben verändert hat. Ich kann es nur so beschreiben: In mir ging eine Flamme an.

Während ich noch ganz von meinen Gefühlen erschlagen war, stand Peter plötzlich auf und rief: »Leute, this is Dieter, my German friend from Berlin.« Alle blickten in meine Richtung und sahen dabei auch mein verweintes Gesicht. Ich wusste nicht, ob mir das unangenehm sein sollte. Da hörte ich Peter sagen: »I think Dieter will give us a song, too.« Ich solle etwas Deutsches singen.

»Ohh no!«, unterbrach ich ihn sofort. »No, no, no! I don't know any songs.«

Doch weder Peter noch die anderen Gäste wollten das gelten lassen. Der ganze Saal nickte mir aufmunternd zu: Du singst jetzt! Ich stotterte verlegen herum:

»But the only songs I know are Christmas songs.« Ich kenne doch bloß ein paar Weihnachtslieder.

Für ein paar Sekunden sträubte ich mich noch, meine Schüchternheit war einfach zu groß. Doch schließlich gab ich mir einen Ruck und meiner Angst einen Tritt in den Arsch.

Ziemlich leise und verhalten sang ich die erste Zeile des ersten Weihnachtsliedes, das mir spontan einfiel: *Leise rieselt der Schnee, still und starr ruht der See* ... Bald schon hatte ich die erste Strophe geschafft. Plötzlich fühlte es sich wie ein Vulkan an, der nach Jahrhunderten explodiert. Aus den tiefsten Tiefen brach es aus mir heraus.

Ich sang.

Und wie ich sang.

Ich sang mir die Seele aus dem Leib.

Als ich das Lied beendet hatte, klatschen alle wie verrückt. Sofort erhob sich ein alter Ire und rief: »Now this German guy has shown us his Irish soul!«

Ich hatte meine irische Seele entdeckt. Genauso fühlte es sich tatsächlich für mich an: Meine Emotionen waren hochgekocht, und ich hatte mich getraut, sie in meine Stimme, in meinen Gesang hineinzulegen. Das hatte ich zuvor noch nie getan. Paddy hatte es möglich gemacht, er hatte mir musikalisch den Weg gewiesen.

Bisher war ich, der junge Student, wenig mit Gesang in Berührung gekommen: Außer Schlagermusik aus dem Radio und dem feierlichen Singen von Weihnachtsliedern mit den Omas gab es in meinem familiären Umfeld keine Musik. In der Oberstufe fing ich an, mich für Rockmusik und einige Liedermacher, vor allem Bob Dylan, zu interessieren. Aber es blieb beim passiven Konsum. Der Traum, selbst Musik zu machen, entstand erst in Irland.

Von nun an fuhren Peter und ich zwei- bis dreimal pro Woche in diesen Pub. Tagsüber wurden dort Lebensmittel verkauft, erst abends verwandelte sich der Laden in eine Kneipe. Dann war der Raum frei für eine andere Art von Nahrung. Seelennahrung. Manchmal fanden auch Lesungen statt. Brendan Behans Texte durften dabei nie fehlen. Auch die Textvorträge waren immer voller Leidenschaft und In-brunst, wie der gemeinsame Gesang. Ich merkte, wie Melo-dien und Worte die Menschen zusammenschweißten. Wie viel Kraft und Energie es allen Anwesenden gab.

Ich blieb noch einige Monate bei Peter, die Abschluss-arbeit wurde irgendwie fertig, aber das war alles nicht mehr so wichtig. Wichtig war, dass ich in Irland eine der großen Lieben meines Lebens gefunden hatte: die keltisch-gälische Musik. Mit dem Singen habe ich seitdem nie wieder aufge-hört. Und als ich zurück nach Westberlin kam, fing ich sofort an, mir das Gitarrespielen beizubringen.

Jahre später habe ich die irische Kneipe in die Schule trans-portiert. Das geschah ohne großen Plan, eher aus dem Bauch heraus. An vielen Vormittagen saßen da ziemlich müde, un-motivierte Schülerinnen und Schüler vor mir. Ich zerbrach mir immer wieder den Kopf: Was mache ich mit denen? Wie kriege ich die jetzt zu irgendwas? Unterrichten ging nicht, dafür hingen sie viel zu sehr in den Seilen. Die Schultage waren ohnehin lang und anstrengend. Was tun?

»Geh mal runter in den Musikraum«, bat ich einen der Jungs. »Klopf da an und frag die Kollegin, ob sie dir 'ne Gitarre gibt.«

Er trabte los und kam zurück mit einer, die hing da wohl schon 100 Jahre in der Asservatenkammer. Staubig, verstimmt, in keinem guten Zustand. Ich brauchte eine ganze Weile, um sie wieder flottzubekommen.

Aber dann fing ich vorne, an meinem Lehrerpult, einfach an zu spielen. Ich sang ihnen, ohne weitere Einleitung oder Erklärung, dieses alte bretonische Volkslied vor:

Ev chistr 'ta Laou, rak chistr zo mat, loñla, Ev chistr 'ta Laou, rak chistr zo mat ...

Langsam wurden die müden Kindergesichter offener, die Augenlider hoben sich, die Oberkörper kamen von den Tischen hoch. Die ersten Schülerinnen wippten mit. Und ich hatte auf einmal das Gefühl, wieder in der irischen Kneipe zu sitzen. Nur ohne Guinness und Schafsgeruch.

Als ich fertig war, fragte mich die Klasse sofort, was das Lied zu bedeuten hätte – und ob wir es nicht auch gemeinsam singen könnten. Ich konnte ihnen natürlich nicht die deutsche Fassung der Band Bots beibringen, in der es um sieben-Tage-lang-trinken geht. Also wandelten wir den Text zusammen ab und dichteten ein Liebeslied daraus: *Komm, lass uns singen! Emma, sing mit uns! Komm, lass uns singen, sing mit uns!* (Der Text findet sich im Anhang.)

Das gemeinsame Dichten zeigte mir mal wieder, dass Kinder und Jugendliche einen natürlichen und noch unverbauten Zugang zu ihren schöpferischen Kräften haben. Und dass sie mit großer Freude an kreative Aufgaben herangehen.

Was ist eigentlich Kreativität? Und wie fördert man sie? Ich wage hier einmal eine Definition: Kreativität kommt, glaube ich, nicht aus dem Vakuum, aus dem Nirwana unseres Geistes. Kreativität entsteht, indem wir bekannte Elemente, die wir uns bewusst machen, neu anordnen und mit einem bestimmten Ziel so zusammenfügen, dass etwas erwächst, das es vorher noch nicht gegeben hat.

Am Beispiel von *Komm, lass uns singen* kann man das gut zeigen: Einige Mädchen der Klasse 6b – vor allem Stella – wollten das alte Lied, das ich ihnen mit meiner Gitarre vorgesungen hatte, unbedingt mit einem neuen deutschen Text versehen. Stella bestand darauf, dass es ein Liebeslied werden sollte. Wir diskutierten kurz, dann waren alle einverstanden, und wir legten los.

Die Melodie gab es schon: Das war das bekannte Element, das uns motivierte. Nun überlegten wir: Welche Bilder gehören denn unserer Meinung nach in ein Liebeslied? Wir brainstormten wild, feuerten uns gegenseitig an und kamen so auf immer neue Ideen. Die Worte und Assoziationen schrieben wir kreuz und quer an die Tafel. Einige gefielen uns auch nach einer halben Stunde noch, andere strichen wir nach näherer Betrachtung wieder durch. Schwamm drüber, nächste Idee.

Nach und nach einigten wir uns auf die Kernelemente unseres Liedes und eine Hauptfigur: Emma sollte sie heißen. Und es ging ums gemeinsame Tanzen! Zusammen singen!

In einem Märchenland – oder Wunderland. Blühende Apfel-
bäume. Sternenhimmel. Regenbogen ...

Fast zwanzig Jahre ist das her. Nach und nach füllte sich das
Klassenzimmer mit Instrumenten. Ich konnte einige der
Kinder motivieren, Gitarre spielen zu lernen, Keyboard oder
Schlagzeug. Ein Praktikant, der damals oft zu mir in den
Unterricht kam und sehr gut Klavier spielen konnte, half
auch kräftig mit. Gemeinsam tasteten wir uns immer weiter
in die Welt der Musik hinein. Unsere Ausstattung wuchs Jahr
um Jahr: Am Ende hatten wir drei Schlagzeuge, fünf Keyboards und sechs Gitarren im Klassenraum. Auch nicht fehlen durften eine alte Geige, ein paar Flöten, ein Saxofon und
andere kleinere Instrumente, die ich entweder in irgendwelchen Schränken in der Schule fand oder die Eltern zu uns
brachten.

Das Feuer war entzündet.

Manchmal jammten wir stundenlang, obwohl wir doch
eigentlich Deutsch oder Mathe machen sollten. Aber ich
fand, es war einfach zu schön, zu gut! Wenn dann noch Sibel,
das kurdische Mädchen in der Klasse, mit ihrer wunderschönen rollend-lauten Stimme für uns ein Solo sang, vergaßen
wir alles um uns herum, und jeder genoss den Moment, ganz
für sich. Entflammt, berührt und begeistert, so wie ich damals in Irland.

Musik ist ein irres Kommunikationsmittel – und sollte
schon deshalb in jeder Familie und jeder Schulklasse einen
großen Stellenwert haben. Jeder kann sich einbringen:
Durcheinander, miteinander, singend, summend, klopfend,
klatschend, auf der Basis von einfachen Rhythmen und ein

paar schlichten Akkorden kann man bereits ein tolles Wir-Gefühl entwickeln. Für mich war es definitiv ein Weg des Glücks, den ich in der Schule mit den Schülern gemeinsam entdeckt habe.

14

APFELBAUM-PÄDAGOGIK

Der Film *Herr Bachmann und seine Klasse* lief 2021 nicht nur in Deutschland, sondern ab 2022 mit Untertiteln auch in anderen europäischen Ländern im Kino. Ich konnte nicht zu jeder Premiere fahren, aber manchmal wurde ich live dazugeschaltet oder im Vorfeld interviewt. Eine völlig neue Lebenserfahrung! Und immer wieder eine tolle Gelegenheit, über meine (oft aus dem Bauch heraus entstandenen) Methoden mit etwas Abstand nachzudenken. Einmal fragte mich ein Journalist aus Mailand, welchen Namen ich meiner Pädagogik geben würde.

Ich antwortete spontan: »Apple tree pedagogy!«

Dann erzählte ich ihm die Geschichte dreier Schülerinnen, die ihre Vokabeln in der Übungsstunde auf unserer benachbarten Streuobstwiese lernen wollten. Alleine, ohne Aufsicht. »Bitte, Herr Bachmann!«

Ich ließ sie aus dem Klassenraum ins Freie gehen, warum auch nicht.

Nach einer halben Stunde ging ich sie besuchen. Nicht, um die drei zu kontrollieren, sondern weil ich neugierig war, zu sehen, was sie so machten. Und da tat sich vor mir ein eindrucksvolles Bild auf: Die Mädchen waren in mehrere

Obstbäume hineingeklettert, saßen nun gemütlich auf den dicken Ästen und riefen sich lachend ihre Vokabeln von Baum zu Baum über die Wiese zu. Ich wollte dieses lebendige Tableau nicht stören und versuchte, mich ganz leise wieder davonzuschleichen, doch da hatten sie mich schon gesehen.

»Herr Bachmann ... m i t m a c h e n !«

Kurz darauf fand ich mich ebenfalls auf einem Baum in der Sonne wieder – bester Laune Vokabeln abfragend.

Apfelbaum-Pädagogik!

Ich habe bei den Schülerinnen und Schülern oft merkwürdige oder außergewöhnliche Lernwege erlebt. Daran musste ich mich zunächst gewöhnen. Aber als ich begann, bei diesem Thema genauer hinzuschauen, kam ich aus dem Staunen gar nicht mehr heraus. Und ich verstand auch, was ich selbst eigentlich für ein Lerntyp bin.

Ein Träumer.

Schon als Kind und später auch als Jugendlicher hatte ich regelmäßig »Wunschträume«. So nannte ich sie jedenfalls. Ich konnte mir, wenn ich ins Bett ging und noch nicht ganz müde war, wünschen, was ich träumen würde. Das klappte erstaunlich oft. In diese gelenkten Geschichten konnte ich mich auch einschalten, die Handlung beeinflussen oder sogar Fragen stellen. Ich konnte diese Träume geradezu dirigieren und dabei auch bestimmte Themen oder Personen einarbeiten.

Später bemerkte ich erstaunt, dass ich durch diese Art des Träumens sogar Dinge lernte. Beispielsweise konnte ich mir vornehmen, einen bestimmten Liedtext auswendig zu lernen. Oder ich suchte träumend nach kreativen Lösungen für ein Problem. Auch das funktionierte!

In der Wissenschaft nennt man das Phänomen Klarträume. Nur wenige Menschen können ganz gezielt Klarträume herbeiführen, aber wahrscheinlich haben alle die Voraussetzung, sie zu erleben. Ein spannender Forschungsgegenstand! Ich finde, es lohnt sich auf jeden Fall, sich damit mal zu beschäftigen.

Mit meiner träumerischen Herangehensweise konnten viele Menschen in meinem Umfeld nichts anfangen, daher habe ich meine Lernwege oft eher für mich behalten. Erst die Selbstreflexion als Lehrer half mir, mein Augenmerk darauf zu lenken, wie ich lerne – und wie meine Schüler möglicherweise gut lernen können. Mit den Jahren entdeckte ich dabei so viele unterschiedliche Lernwege, wie es Menschen gibt! Natürlich kennt man einige Grundtypen aus der Psychologie und der Pädagogik. Aber am Ende ist jedes Kind ein bisschen anders.

Eins haben sie dennoch alle gemeinsam: Es muss ihnen erlaubt sein, Begeisterung für etwas zu entwickeln. Dafür ist es wichtig, dass Schüler jeden Tag entspannt in die Schule kommen, weil sie wissen, dass sie an diesem Ort nichts zu befürchten haben. Ich muss das einfach deutlich betonen: Der zentrale Auftrag der Schule ist es, Kinder nicht klein, sondern groß zu machen! Ihnen Selbstwertgefühl mitzugeben. Sie spüren zu lassen: Du bist richtig, so wie du bist. Und da, wo du gerade stehst, da holen wir dich ab. Du darfst dich hier in deinem eigenen Lerntempo, auf deinen eigenen Wegen und mit deiner individuellen Persönlichkeit auf den Weg machen.

Was das im Unterricht bedeutet, lässt sich am besten an konkreten Beispielen erklären. Etwa im Mathematikunterricht: Ich versuchte, den Kindern das bei vielen verhasste Fach immer wieder mit neuen Ansätzen nahezubringen. Mindestens einmal im Jahr schleppte ich sie ins »Mathematikum« in Gießen: das erste mathematische Mitmach-Museum der Welt und ein wirklich toller Ort! Oder ich brachte ihnen die indische Gittermultiplikation bei. Das ist eine witzige Art der schriftlichen Multiplikation, die richtig Spaß macht.

Zauberformeln, Zaubersprüche, Hexenmeister und Zauberlehrlinge (Goethe, Harry Potter!) spielten in meinem Unterricht ohnehin eine große Rolle, aber jetzt kombinierten wir das noch mit Mathematik! Ich erzählte den Kindern, dass auch die Welt der Zahlen eine Art Zauberreich ist. Und mithilfe der Mathematik kann wirklich jede und jeder zaubern lernen. Sogar Menschen, die in der Steinzeit noch in Höhlen lebten, konnten es schon, auch wenn sie nicht unsere arabischen Zahlen, sondern Striche zum Zählen nutzten. Sieben Striche = sieben Antilopen erlegt.

Später entwickelte sich in Indien eine komplexe Form des Multiplizierens mit einfachen Strichen. Dabei zeichnet man Zahlen, die man multiplizieren will, als sich kreuzende Linien – wobei die Zehnerstriche und Einerstriche in einem rechten Winkel aufeinanderstehen. Aus den entstandenen Gitterpunkten ergibt sich die Lösung.

So elegant und grafisch diese Rechenmethode ist, so umständlich ist sie leider auch. Vor allem, wenn die Zahlen größer werden, dreistellig, vierstellig ... Dann sollte man eigentlich auf die herkömmliche Art der schriftlichen Multiplikation umsteigen. Aber einer meiner Schüler, Marvin, war davon nicht zu überzeugen. Er hatte sich in die indische Gittermultiplikation verliebt. Selbst wenn es in der Klassenarbeit erlaubt war, den Taschenrechner zu verwenden: Marvin blieb bei allen Aufgaben, in denen eine Multiplikation vorkam, bei der indischen Gittermultiplikation.

Seitenweise fanden sich diese Pyramiden aus Linien in seinem Klassenarbeitsheft. Ich rechnete nach und staunte nicht schlecht: Wahnsinn, es stimmte alles! Marvin beflügelte der Erfolg, deshalb blieb er bei seiner Rechenmethode. Und als mir ein Kollege, der Marvin in der siebten Klasse in Mathe übernahm, irgendwann im Lehrerzimmer voller Begeisterung berichtete, dass Marvin unglaublich schnell und fast immer fehlerlos dreistellige Zahlen per Gittermethode multiplizierte, »so was hab ich echt noch nie erlebt!«, da war ich zugegebenermaßen ganz schön stolz. Ich hatte Marvin etwas anbieten können, das ihn tief motivierte und ihm so viel Spaß machte, dass er es immer weiter verwendete.

Es sagt sich immer so leicht: Man soll jedem Schüler seinen eigenen Weg ermöglichen. Im Schulalltag ist das aber oft nicht vorgesehen. Man muss den Mut haben, sich gegen den Strom zu stemmen, und das Vertrauen, dass die Schüler das für sie Richtige entdecken, wenn man ihnen nur genug Lernvarianten anbietet. Natürlich hatte ich auch Schüler, die gar kein Interesse an kreativen Methoden zeigten. Sie wollten die eine Seite der Vokabeln im Schulbuch mit der Hand zuhalten, die Wörter runterrasseln, das Ganze noch mal mit der anderen Hand, fertig. Ich habe das akzeptiert, ist ja völlig in Ordnung. Wer so gut lernt, soll es so machen. Ich würde nie jemanden gegen seinen Willen von einem anderen Lernweg überzeugen. Mir war nur wichtig, dass die Kinder verstanden, dass es vielfältige Formen der Aneignung gibt. Oft saßen im Klassenzimmer unterschiedliche Lerntypen nebeneinander, probierten miteinander Neues aus oder motivierten sich gegenseitig. Das zu beobachten fand ich großartig.

Trotzdem stellte sich nicht bei jedem Schüler der Lernfortschritt und -erfolg so schnell ein wie bei Marvin und seinen indischen Gittern. Manchmal brauchte es viel Geduld. In den späten 1990er-Jahren hatte ich einen türkischen Schüler in meiner Hauptschulklasse, Eser, der sprach kein Wort Deutsch. Nicht mit mir, nicht mit anderen Lehrern. Er war nichtsdestotrotz sehr nett, verstand auch alles und kommunizierte durchaus angeregt mit uns, aber eben nur körpersprachlich. Er lachte oft, setzte sich manchmal auch einfach neben mich ans Pult und erledigte seine schriftlichen Aufgaben vorbildlich. Nur schwieg er dabei eben.

Nach zwei, drei Monaten wurde mir das ein bisschen unheimlich. Ich bat seine Mutter in die Schule zu einem Gespräch. Sie ahnte, worum es ging, und betrat das Klassenzimmer zu meiner Überraschung freundlich lächelnd und gänzlich unbesorgt. Ich erklärte ihr mein Problem.

»Machen Sie sich keine Gedanken, Herr Bachmann!«, rief sie. »Mein Sohn war fünf oder fünfeinhalb, da hat er erst angefangen, Türkisch zu sprechen. Also, der hat jahrelang kein Wort geredet, und von einem Tag auf den anderen konnte er perfekt Türkisch! Anscheinend ist er der Überzeugung, dass er sich erst unterhalten will, wenn er eine Sprache richtig beherrscht. Wirklich, Herr Bachmann, glauben Sie mir, er wird irgendwann Deutsch sprechen!«

Na gut. Dann musste ich wohl oder übel Vertrauen in Eser und seinen stummen Lernweg haben.

Insgeheim blieb ich trotzdem skeptisch – und besorgt. Sollte ich mir vielleicht noch an anderer Stelle Rat holen? Es beruhigte mich immerhin, dass die anderen Schüler mir versicherten, dass Eser auf dem Schulhof ganz normal und fließend Türkisch mit ihnen spreche. Ich bekam das nie live mit, aber ich glaubte meiner Klasse. Also ließ ich den Jungen weitgehend in Ruhe und akzeptierte, dass er dem Unterricht wortlos folgte.

Es verging noch fast ein Jahr ohne sichtbare Veränderung. Doch dann kam der Tag, an dem der 13-jährige Eser plötzlich vor mir stand, den Mund öffnete und in absolut fehlerfreiem Deutsch mit mir sprach. Ohne eine einzige grammatikalische Ungenauigkeit! Seine Mutter hatte recht gehabt! Ich bin eigentlich meistens mit der Einschätzung der Eltern mitgegangen, da meine Erfahrung mir gezeigt hat, dass sie ihre Kinder am besten kannten.

Am Ende machte der Junge einen richtig guten Realschulabschluss und anschließend noch sein Fachabitur. Wenn ich mich richtig erinnere, wollte er danach Ingenieurwissenschaften studieren.

Von Kindern wie Marvin, Eser oder den drei Mädchen im Apfelbaum habe ich eine wichtige Lektion gelernt: Lernwege mögen verworren und wild sein, die Hauptsache ist, dass sie funktionieren.

Wer sich ein weiteres Beispiel wünscht, der denke an die Song Lines der Aborigines: Weil die Ureinwohner Australiens früher keine schriftlichen Aufzeichnungen kannten, gaben sie ihr Wissen über ihre Umgebung per Gesang von Generation zu Generation weiter. Und das über Jahrhunderte! Diese mythische, gesungene Landkarte bildete die Grundlage für ihre Wanderungen, die sich nach den Jahreszeiten richteten und den Bewegungen der Wildtierherden folgten. Man kann diese Song Lines durchaus als eine ungewöhnliche Art des Lehrens und Lernens begreifen. Und wurde nicht auch in Europa Wissen über einen langen Zeitraum über Gesänge und Balladen transportiert? Wenn wir Lieder singen von Walther von der Vogelweide – verstehen wir da nicht auch ganz viel darüber, was vor rund 800 Jahren über »Liebe« gedacht wurde?

Womit wir wieder beim Thema Musik sind: Ich habe mich lange Zeit damit gequält, dass ich viele Dinge nicht so einfach lernen konnte, wie ich es mir gewünscht hätte. Ich hatte zwar Wege gefunden, beispielsweise über meine Träume, mich anzunähern, etwas aufzuarbeiten oder auswendig zu lernen – aber leider klappte das nicht für alle Lebensbereiche. Vor allem klappte es nicht bei meiner Lieblingsbeschäftigung: beim Schreiben von eigenen Liedern.

Eines meiner ersten Lieder, das *Teelichtreservat*, purzelte in zwei, drei Stunden aus mir heraus: Meine Gefühle, eine bestimmte Melodie, die dazu passenden Bilder, alles fügte sich einfach zusammen. Keinerlei kreativer Stau, sondern alles ein einziger Fluss!

Leider blieb es nicht so leichtfüßig. Es gibt eine Komposition, die ich vor rund zwei Jahren angefangen habe – aber die nie richtig fertig schien. Das Lied gibt einfach keine Ruhe! Es gelang mir nicht, das, was in mir war, perfekt in Worte und in eine Melodie zu gießen. Die ständige Unzufriedenheit sorgte dafür, dass ich das Lied dauernd veränderte. Ich musste dabei notgedrungen geduldig sein und lernte immer mehr dazu. Über Phonetik, über Reimschemata, über Alliterationen und so weiter ... Bis heute ist das Lied im Fluss geblieben. Ich befürchte fast, es wird nie ein Ende finden, weil es sich weiterhin mit mir und meiner Sichtweise verändert.

Ich gebe zu: Es ist schwierig für mich, solchen langen Lernwegen in meinem Leben einen Platz einzuräumen. Nicht einfach frustriert die Segel zu streichen, sondern dranzubleiben und das Komponieren und Texten als einen langwierigen Prozess zu akzeptieren. Inzwischen habe ich mich halbwegs damit abgefunden.

Auch meinen Schülern fehlte manchmal die Geduld. Selbst wenn ich ihnen die Zeit und ihr eigenes Tempo zugestand, hatten sie trotzdem oft keine Lust auf die Mühen des Lernens. Gut erinnern kann ich mich an Jan, Halil und Matthias, drei Sechstklässler, die unglaublich gern jonglierten und immer wieder neue Tricks lernen wollten. Diese Geschicklichkeiten beherrscht man natürlich nicht zack, zack in ein paar Minuten. Da muss man schon ziemlich viel Ausdauer mitbringen.

Ich hatte den Jungs einige Jahrzehnte Jonglierpraxis voraus, deshalb konnte ich ihnen Würfe zeigen, von denen sie total begeistert waren. Sobald sie aber selbst die Jonglierbälle in der Hand hielten, ging schon das Fluchen und Schimpfen los.

»Ahh, blöd! Das krieg ich nie hin!«

»Das schaff ich nicht!«

»Scheiß Bälle!«

Ich versuchte ihnen klarzumachen: »Leute, ihr müsst geduldig sein! Macht Pausen! Dadurch wird man wieder ein bisschen lockerer und kann anschließend neu anfangen ... Ihr werdet sehen, das klappt!«

Meine Worte verhallten ungehört, meine Ratschläge nützten wenig. Die Ungeduld blieb, der Frust auch. Bis Jan eines Tages im Stuhlkreis in einem völlig anderen Zusammenhang erzählte, dass er eine kleine Katze bekommen habe. Er beschrieb uns ausführlich, wie glücklich er mit dem Tier war.

Als ich ihn zusammen mit den beiden anderen Jungs das nächste Mal schimpfend mit den Jonglierbällen antraf, fiel mir seine Katze wieder ein.

»Sag mal, Jan, wie machst du das eigentlich mit deiner kleinen Katze? Streichelst du die auch mal?«

»Klar! Immer abends, wenn ich fernsehe, oder auch einfach so zwischendurch.«

»Und wie lange machst du das? Nur mal so 'ne Minute?«

»Neiiin! Die streichel ich gaaaanz lang! Das macht so viel Spaß! Es ist ein Kater, Herr Bachmann, und der schnurrt immer laut. Manchmal sitzt er direkt auf meinem Bauch.«

»Ach so«, sagte ich nachdenklich, »du nimmst dir also viel Zeit?«

»Ja, ja, aber das macht ja auch Spaß!«, rief Jan und schmiss missmutig die Jonglierbälle herum.

Ich schaute ihn aufmerksam an: »Jan, wie wäre es denn, wenn du dieses gute Gefühl – das Gefühl, dir ganz viel Zeit zu nehmen –, wenn du das überträgst aufs Jonglierenlernen. Immer, wenn du oder Matthias oder Halil, wenn ihr ungeduldig und wütend werdet, während ihr einen neuen Trick zu lernen versucht, könntet ihr euch doch sagen: ›So, ich nehme mir jetzt Zeit zum Katze-Streicheln.‹«

Jan, Matthias und Halil lachten. Sie hatten endlich verstanden, was ich meinte.

Ab diesem Tag war das Katze-Streicheln in unserem Klassenzimmer ein geflügeltes Wort. Wenn jemand genervt war und an einer neuen, schweren Aufgabe zu verzweifeln drohte (und das oft auch lautstark dem Rest der Klasse mitteilte), gab es immer einen, der dem Ungeduldigen die entscheidende Frage stellte:

»Hey, haste mal wieder keine Zeit zum Katzen Streicheln?«

Das war von nun an unser ritualisiertes Codewort für: Sei nicht so streng mit dir, steck dir ruhig ehrgeizige Ziele, aber gib dir ein bisschen Zeit, sie zu erreichen. Über die Katzen-Formulierung mussten immer alle lachen, und das allein half schon, um die Atmosphäre zu entspannen. Die Kinder spürten, was ich beim Komponieren auch oft gespürt hatte: Manche Lernwege können haariger als andere sein, manche kommen einem eher wie Umwege vor. So ist das eben. Aber bei aller Mühe und aller Anstrengung dürft ihr nie vergessen: Nehmt euch Zeit zum Katze-Streicheln!

15

KANINCHEN IN DER DÄMMERUNG

Mein Weg, zu lernen war also immer schon eigenwillig. Und er passte natürlich überhaupt nicht zu den stumpfen Paukschulen der 1950er- und 1960er-Jahre. Ich erschloss mir die Dinge grundsätzlich eher durchs Ausprobieren. Über den suchenden Strich. Nicht verkopft, nicht konzeptionell, nicht vorab alles durchplanend und strukturierend. Es klappte oft viel besser, wenn ich frei meinen Einfällen folgen durfte. Nur so konnte ich malen, zeichnen, bildhauern.

Das habe ich allerdings erst spät in meinem Leben verstanden.

Vor Kurzem war ich erst wieder in dem Steinbruch, in dem ich in den 1980ern so oft mit meinem Freund Franz gearbeitet habe. Franz ist leider schon gestorben, aber ich hatte mich dort mit seinem Sohn Werner verabredet. Es war ein wunderschöner erster Wintertag, alles war dünn mit Schnee bedeckt, nur die Sandsteinflächen nicht, denn die hatten noch die Restwärme der Novembersonne gespeichert. Sie lagen frei und rot schimmernd in diesem weiß-grünen Waldsteinbruch.

Während ich mit Werner, der den Steinbruch von seinem Vater übernommen hat, durch dieses kleine Naturparadies spazierte, sprachen wir darüber, wie hier vor 40 Jahren alles begonnen hat. Ich erinnerte mich, wie sehr Franz die Sandsteine geliebt hat. Und er kannte sie wie kein Zweiter. Franz konnte die Steine riechen, und vor allem konnte er sie hören. Wenn er anfing, auf ihnen zu arbeiten, wusste er stets genau, was man mit ihnen anstellen könnte.

»Der hier«, sagte er, während er sacht auf einen Klotz klopfte, »der ist hervorragend für Treppenstufen oder Fenstersimse geeignet. Und das hier, das werden Hammergerechte für Trockenmauern. Und hier, Dieter«, er zeigte auf einen weiteren schweren Brocken, »daraus machst du eine Mönchsfigur.«

Viele der Figuren, die ich über die Zeit auf Franz' Anraten hin angefertigt habe, stehen heute noch im Wald. Der Steinbruch ist in jedem Winkel bevölkert von kleinen Wachmännern: von Pinguinen, Katzen, Fischen, Eulen und Kobolden. Franz fand, dass diese Wesen in einen Waldsteinbruch gehören. Ich erinnere mich, wie er einmal lächelnd zu mir sagte: »Dieter, dein Körper wehrt sich zwar gegen den rechten Winkel, aber du schaffst diese Fabelwesen hier aus den Steinen – das ist doch wunderbar.«

Ich freute mich über sein Lob, zweifelte aber dennoch an meinem Können. Das lag auch daran, dass manchmal ein klassisch ausgebildeter Bildhauer in Franz' Steinbruch kam. Diesen Künstler bewunderte ich sehr und fragte ihn natürlich nach seiner Arbeitsweise.

»Du musst die fertige Skulptur möglichst bis ins kleinste Detail im Kopf haben, bevor du mit der Arbeit beginnst«, erklärte der Experte mir. »Dann kannst du alles drumherum wegarbeiten. Bis nur noch deine Skulptur übrig bleibt.«

Das leuchtete mir ein, und ich wollte es auch unbedingt auf diese Weise versuchen – zumal ich gerade einen großen Auftrag von einem Tierarzt angenommen hatte. Ich kam mit den Vorgaben bislang allerdings nicht gut zurecht. Der Arzt wünschte sich eine Sandsteinskulptur, auf der sich zahlreiche Kaninchen tummelten. Ich probierte es mit Zeichnungen, mit räumlicher Planung, mit verschiedenen Motiven und übersichtlichen Strukturen. Nichts davon zündete, keine meiner Ideen gefiel mir. Der Stein blieb stumm. Die Methode des klassischen Bildhauers funktionierte für mich einfach nicht. Ich spürte, ich muss einen anderen Zugang finden.

Eines Abends fand ich ihn – oder besser gesagt, der Zugang fand mich.

Ich saß mal wieder ratlos vor meinem großen Stein, hatte wieder kein Kaninchen vor meinem inneren Auge und wollte eigentlich aufgeben. Da geschah im Zwielicht der Dämmerung etwas Merkwürdiges. Mir war, als hätte ich im Schatten des abnehmenden Lichts Teile eines Kaninchens auf der Oberfläche des Steins erhascht. Da: ein Kopf mit Schlappohren! Da: ein Hinterteil, das aussah, als ob ein Kaninchen in den Stein verschwindet! Und da: zwei eng aneinandergeschmiegte Kaninchen, halb im Stein versunken.

Fasziniert legte ich los, bis es ganz dunkel war.

Am nächsten Morgen konnte ich kaum den Sonnenaufgang abwarten. Würden die Kaninchen immer noch aus dem Stein hervorleuchten? Und siehe da, der Zauber der letzten Nacht war nicht verflogen. Die angefangenen Bilder ließen sich tatsächlich ganz bequem weiterarbeiten, es ging fast wie von selbst, bis eine ganz lebendige Horde Kaninchen in den Stein gehauen war! Sie kamen aus dem Stein heraus, krochen in den Stein hinein, spielten um ihn herum Fangen. (Und später, als der Stein längst beim Tierarzt im Garten stand, gab es sogar Betrachter, die sahen Kaninchen, wo ich gar keine angelegt hatte.)

Die Betrachtung im Halbdunkeln hatte mir Assoziationen ermöglicht, die scheinbar aus dem Nichts kamen und die das zähe Projekt plötzlich zu einer Wundertüte machten, vor der ich nun tagelang wie ein kleiner staunender Junge saß. Von da an kannte ich *meine* Lieblingsherangehensweise. Langeweile gab es im Steinbruch nicht mehr, Motivation war garantiert. Ich kam durch diese Arbeitsweise spielend leicht in Kontakt mit meinen inneren Bildern und konnte eine Kreativität entwickeln, die immer abrufbar war.

In der Schule entdeckte ich später, dass diese intuitive Vorgehensweise für viele Schülerinnen und Schüler genauso spannend war. Wir hörten etwa Musik und malten dazu. Über die Töne und Rhythmen flogen uns Farben und Formen zu, Ideen für Bildmotive entstanden, die wir in einer stillen Umgebung nicht gehabt hätten. Das funktionierte auch umgekehrt: Wir schauten uns gemeinsam Bilder an und setzten deren Farbigkeit oder Stimmung lautmalerisch auf unseren Instrumenten um. Solche Strategien halfen den Kindern sehr, sich zu öffnen und zu einer eigenen Ausdrucksweise zu finden.

Begegne ich meinen eigenen Skulpturen von früher, erkenne ich sie oft nicht gleich wieder. Patina und Ortswechsel haben sie verändert und werfen nun ein anderes Licht auf sie.

Manchmal habe ich sie auch ein bisschen vergessen. Doch schon nach kurzer Betrachtung sind die Erinnerungen wieder da. Mir fällt ein, welche Freude mir die Arbeit an genau dieser Skulptur gemacht hat, was ich dabei gedacht und empfunden habe.

Auch die Schüler, denen ich Jahre später außerhalb der Schule begegne, sind mir im ersten Moment oft fremd. Ihre Gesichter sind erwachsen geworden, ihre Persönlichkeiten haben sich weiterentwickelt, sie haben vieles ohne mich erlebt. Aber schon nach einigen freundlichen Worten, die wir miteinander wechseln, erkenne ich sie trotzdem wieder, die Kinder von damals – und dann fallen mir die Geschichten ein, die wir zusammen erlebt haben. In diesen Augenblicken huscht ein kleines Lachen über mein Gesicht, und eine spitzbübische Freude erfasst mich. Was für eine tolle Zeit wir miteinander hatten ...

16

NEINSAGEN ALS
LIEBESERKLÄRUNG

Ich weiß nicht, ob ich ohne meine eigenen Kinder (zwei Söhne und eine Tochter) ein guter Lehrer geworden wäre. Manches, was ich im Unterricht täglich brauchte, habe ich von meinen Kindern gelernt. Zum Beispiel, »Nein« zu sagen.

Nein ist nie freundlich. Aber Ja ist auch nicht immer freundlich.

Wenn dein kleiner Sohn die zweite Tafel Schokolade essen will und du ihn lässt, ist das kein Akt der Gutmütigkeit. Aber Geschrei aushalten – und trotzdem konsequent bei einer Regel bleiben, das kann ein Zeichen von Liebe sein. Einerseits.

Andererseits: Wenn ich mit meinem älteren Sohn spielte, gelang es mir oft erstaunlich gut, mich in ihn hineinzuversetzen. Ich konnte in mir dieses innere Kind oder später diesen inneren Jugendlichen wachrufen, der ich selbst mal gewesen war. Das half mir, mit ihm auf Augenhöhe zu verhandeln, ohne die Rolle des Vaters aufzugeben. Mein Nein war im besten Falle ein Bestandteil meiner Fürsorge, keine willkürliche Machtdemonstration.

Diese Erfahrung habe ich mit in die Schule genommen.

Ich wollte für die Kinder der große, starke Baum sein, der Halt und Schutz versprach. Aber ich wollte zugleich auch biegsam sein, wachsend und in ständiger Veränderung.

In dem Zusammenhang muss ich immer an ein einschneidendes Joggingerlebnis denken. Ich war mit Wacka, meinem Hund, rennend in den Lahnbergen unterwegs, hatte mich mit meiner Route aber mal wieder etwas übernommen und lehnte mich deshalb zum Ausruhen an einen riesigen Baum.

Plötzlich schwankte alles.

»Oje, der Kreislauf!«, dachte ich noch, bevor ich fast umfiel.

Es war aber nicht mein Kreislauf, der mich zum Taumeln brachte – es war der Baum, an dem ich lehnte. Dieser Riese mit seinem schweren Stamm kippte einfach nach hinten weg. Kawumm! Gerade noch rechtzeitig sprang ich zur Seite, bevor sich sein Wurzelwerk in die Senkrechte erhob. Er muss schon lange krank und instabil gewesen sein, dass ein Zwerg wie ich ihn aus Versehen umschubsen konnte. Glück gehabt!

Diese Geschichte steht für mich für eine tiefere Weisheit: Manchmal sieht etwas von außen sehr stabil aus, bietet aber bei näherem Kontakt trotzdem keinen Halt. Man kann das auch bei vermeintlich starken Menschen erleben – man versucht, sich anzulehnen, und landet im Nichts. Für Kinder ist eine solche Erfahrung eine Katastrophe.

Ich wollte deshalb zu Hause und im Klassenzimmer immer unbedingt Verlässlichkeit ausstrahlen. Ich wollte den mir anvertrauten Kindern zu jeder Zeit das Gefühl vermitteln, dass ihnen in meiner Gegenwart nichts passieren kann:

Als Erwachsener sorge ich dafür, dass sie nicht unters Auto kommen, dass sie genug Bewegung haben, dass sie ausreichend Schlaf und gesunde Nahrung kriegen, dass ihnen niemand auf die Nase haut. Dazu setze ich Grenzen und gebe Regeln vor.

Aber gleichzeitig wollte ich nie einen besserwisserischen Tonfall an den Tag legen. Also habe ich mich immer wieder gefragt:

Wie war das bei dir selbst, als du in diesem oder jenem Alter warst?

Wie hatte ich mich mit acht Jahren oder mit zwölf Jahren gefühlt? Was waren meine Ängste, meine Wünsche, meine Bedürfnisse gewesen? Die Erinnerungen daran sind zum Glück sehr lebendig. Der Unterschied ist nur: Heute kann ich in Worte fassen, was damals in meinem Inneren vor sich ging. Als Kind fiel mir das schwer.

Deshalb habe ich es auch bei Auseinandersetzungen mit meinen Kindern oder meinen Schülern immer als meine Aufgabe angesehen, ihnen bei der Versprachlichung ihrer Gefühlszustände zu helfen. Wir haben das ständig geübt.

»Was fühlst du? Wie geht es dir?«, habe ich oft gefragt.

Ich habe die Kinder auch während des Unterrichts immer ermutigt, ihre Aggressionen, ihre Wut, ihre Trauer, ihren Frust, aber auch ihr Glück und ihre Freude in Worten auszudrücken. Für mich war das eine gute Strategie, um Augenhöhe zwischen uns herzustellen.

Auch in den frühen 1970ern, während meiner Studentenzeit, hatten wir schon den Traum von der gleichberechtigten Kommunikation – zwischen älteren und jüngeren Erwachsenen, zwischen Kindern und Eltern, zwischen Lehrern und Schülern, zwischen Arm und Reich, gebildet und ungebildet. Manche Kommilitonen waren so radikal, dass sie fanden, selbst Tiere sollten in diese Aufzählung eingeschlossen werden. Die Vision von der gesellschaftlichen Gleichheit aller ist ja schon in der Französischen Revolution 1789 angelegt gewesen. Wie das ausging, weiß man.

Leider kamen wir damals auch nicht weit mit unseren Idealen. Schnell bildeten sich in den politischen Gruppierungen interne Hackordnungen heraus. Ausgerechnet die, die am lautesten nach »Gleichheit« schrien und »offene Auseinandersetzungen« forderten, versuchten parallel, sich an die Spitze ihrer jeweiligen Gruppe zu setzen. Wer im Weg stand, wurde weggemobbt oder anderweitig diskreditiert. Weil jede Art von Kontrolle kategorisch abgelehnt wurde, entstand anarchistischer Wildwuchs. Aber das führte nicht dazu, dass jeder einfach machte, was er wollte. Im Gegenteil: Oft setzten sich einfach die brutalsten Typen durch.

Aus diesen äußerst desillusionierenden Erfahrungen haben einige politische Bewegungen später ihre Schlüsse gezogen. Dass die 1980 gegründeten Grünen anfangs mit einem Rotationsprinzip an der Parteispitze und bei ihren Abgeordneten experimentierten, hatte sicher nicht nur mit den betonierten Strukturen der Altparteien in Westdeutschland zu tun, sondern auch mit dem, was wir nach 1968 erlebt hatten. Die Rotation, die allerdings hochumstritten war, sollte verhindern, dass sich zu schnell starre Hierarchien herausbilden und sich am Ende vor allem Charaktere, die nach Macht streben, durchsetzen können. Funktioniert hat auch das bekanntlich nicht.

Die Sache mit der Rangordnung und der Augenhöhe bleibt also kompliziert. Und wir müssen sie immer wieder neu miteinander aushandeln, eine einfache Lösung gibt es nicht. Ich habe in den vergangenen Jahrzehnten immer wieder beobachten können, dass es tatsächlich Menschen gibt, denen es leichter fällt als anderen, eine Gruppe zusammenzuhalten. Weil sie empathisch sind, klug, aufmerksam. Und weil sie sich trauen, Verantwortung zu übernehmen und für die Gruppe einzustehen. Solche Leute braucht es – nicht nur in einem Klassenzimmer, sondern in jedem gesellschaftlichen Zusammenhang.

Dann können Rangordnungen sinnvoll sein und zum Wohle aller beitragen. In einer Pferdeherde stehen ja auch nicht die Stuten oder Hengste an der Spitze, die am aggressivsten auftreten. Nein, es sind diejenigen, die die saftigsten Weiden ausmachen und die besten Wasserlöcher finden. Und während die ganze Herde trinkt, passt die Leitstute oder der Leithengst auf, dass keine Gefahren drohen. Sie selbst trinken stets als Letzte! Das finde ich ein sehr schönes Bild.

Im übertragenen Sinne gilt das auch für Erziehungsprozesse innerhalb der Familie oder in der Schule. Auch hier sollten die Rollen einerseits klar verteilt sein, andererseits müssen die, die führen (= die Erwachsenen), Engagement an den Tag legen und sich demokratisch kontrollieren lassen. Widerspruch ist erlaubt, Diskussionen um Regeln sind erwünscht, Kontrollgremien sind nötig: Das ist das Entscheidende! Außerdem muss ich mich als Erwachsener selbst an die von mir aufgestellten Regeln halten. Wenn ich sage, »wir schreien uns hier nicht an«, schließt mich das selbstverständlich ein. Es ist gut, wenn Kinder merken: Da ist zwar ein

Erwachsener, der dominant Regeln formuliert, aber die gelten wirklich für alle. Auch als Vater oder Mutter bin ich Teil des Systems.

Mir ist dieser Punkt wirklich wichtig, weil durch die Beschreibung meiner unkonventionellen Unterrichtsmethoden womöglich der Eindruck entsteht, dass ich Kontrolle und Regeln für unnötig erachte. Das tue ich nicht!

Beispiel Schule: Da gibt es eine Schulleitung, die darauf zu achten hat, dass die Grundregeln – etwa: keinerlei Toleranz bei körperlicher und verbaler Gewalt – eingehalten werden. Es gibt Elterngremien, es gibt Mitbestimmungsformate für Schülerinnen und Schüler, es gibt Fachkonferenzen für einzelne Fächer und so weiter. All das dient auch dazu, die Macht der Lehrer im Klassenraum einzuschränken und so wenig wie möglich Ungerechtigkeit oder Willkür zu dulden. Ich war immer ein großer Verfechter dieser Strukturen. Wir können froh sein, sie zu haben, und müssen sie sehr ernst nehmen. Denn sie unterstützen und schützen uns alle.

Und: Auch als Lehrer muss man sich kritisieren lassen können. Dafür gab es in meiner Klasse einmal im Monat den Klassenrat. Wir besprachen dabei nicht nur die Streitereien der Schüler untereinander, sondern auch Konflikte der Kinder mit mir oder mit anderen Lehrern. Es war mir wichtig, dass die Schüler sich trauten, gegenüber uns Erwachsenen ihr Unbehagen auszusprechen. Oft diskutierten wir eine Weile, weil ich eine andere Perspektive auf bestimmte Situationen und Vorfälle hatte. Gemeinsam überlegten wir anschließend, welche Maßnahmen wir als Gruppe ergreifen könnten, damit es künftig besser läuft.

Dominanz und Autorität sind in meinen Augen also nicht grundsätzlich verkehrt. Im Gegenteil, beides ist in unserem sozialen System oft notwendig. Wer Regeln aufstellt und Grenzen setzt, übernimmt zugleich auch ein bisschen die Drecksarbeit für alle anderen. Denn den Leithengst zu geben – das ist ja durchaus kräftezehrend.

Auch das habe ich meinen Schülerinnen und Schülern versucht klarzumachen. Nicht theoretisch, sondern an einem ganz simplen Praxisbeispiel. Dazu inspiriert hat mich ein Brauch, der nicht nur in Baden-Württemberg weitverbreitet ist: Zu Beginn der jährlichen Fastenzeit fordert das Narrenvolk symbolisch den Rathausschlüssel vom Bürgermeister. Für ein paar Tage sind dann die Närrinnen und Narren die Oberhäupter der Stadt. Ähnliche Rollentauschgeschichten kennt man auch aus dem Mittelalter, wo Kinder in manchen Städten für einen Tag einen »Kinderbischof« wählten, der kurzzeitig den Platz des echten Bischofs einnahm.

Ich fand solche Traditionen immer sehr spannend, vor allem, wenn sie sich in streng hierarchisch organisierten Gesellschaftsformen entwickelt hatten.

Warum nicht etwas Ähnliches mal in der Schule ausprobieren?

Kurz vor den großen Ferien setzte ich meinen Plan in die Tat um: Mit dem Stoff des Schuljahres waren wir so weit durch, die Klassenarbeiten waren allesamt geschrieben, und wir hatten endlich wieder Zeit für ein paar verrückte Ideen.

»Was haltet ihr davon, für einen Tag die Macht im Klassenzimmer zu übernehmen?«, fragte ich meine Klasse.

Sofort brach Begeisterung aus.

Ich schlug vor, dass diejenigen, die Lust hatten, für jeweils eine Stunde Lehrer sein könnten. Mit allen Konsequenzen: Sie würden die Unterrichtsstunde gestalten, sie würden vorne am Pult stehen, sie würden Aufgaben verteilen, Regeln aufstellen (oder außer Kraft setzen), ganz nach eigenem Belieben.

Sofort schossen die Finger einiger Freiwilliger in die Höhe. Vor allem die Mädchen waren Feuer und Flamme.

»Ich will Lehrerin sein, Herr Bachmann!«

»Ich auch!«

Bevor ich das Zepter wirklich aus der Hand gab, einigten wir uns noch auf die grundlegenden Spielregeln. Ich erklärte der Klasse, dass die Rolle des Lehrers mit großer Verantwortung einherginge. Machtmissbrauch würden wir nicht dulden. Das heißt: Niemand dürfe beleidigt, verletzt, in Gefahr gebracht oder zu irgendwelchen herabwürdigenden Handlungen gezwungen werden. Keine Strafliegestütze oder Ähnliches! Ich machte den Kindern auch klar, dass ich stets im Hintergrund dabei sein würde. Und sollte doch etwas aus dem Ruder laufen, »dann greife ich sofort ein«.

Sie nickten: »Ja, Herr Bachmann, haben wir verstanden.«

Was dann passierte, war sehr spannend zu beobachten. Besonders die »bösen Jungs«, also die, die sonst gerne mal über die Stränge schlugen, füllten ihre Rolle als Lehrer recht tiefenentspannt aus. Sie blieben meist sehr höflich und verhielten sich ziemlich liberal gegenüber der Klasse. Oft schlugen sie vor, gemeinsam ein Eis essen zu gehen oder auf dem Schulhof eine Runde zu kicken. Einige Mädchen waren da schon deutlich strenger und konsequenter. Sie wollten sich unbedingt Gehör verschaffen, ihren Unterricht durchziehen und kommandierten allzu aufsässige Jungs deshalb auch schon mal zum Tafelputzen oder Teekochen ab.

Ein Mädchen, Yasemin, nutzte seine neu gewonnene Lehrerinnenautorität sogar, um ein ganz heikles Thema anzugehen: Sie verkündete kurzerhand, dass sie die Sitzordnung ändern würde. Und zwar ohne dass sie der Klasse dabei ein Mitspracherecht gewährte. Sofort ging im Klassenzimmer das Gemurre los. Davon ließ sie sich aber überhaupt nicht beeindrucken. Ich rieb mir in der letzten Reihe erstaunt die Augen: Wow, Yasemin traute sich was ... Mal sehen, wohin das führen würde! Erst mal fand ich ihre pädagogische Intervention nicht sonderlich demokratisch, aber war gespannt, was sie damit bezwecken wollte.

Die neue Sitzordnung war geradezu revolutionär, ich hätte mich nie getraut, die so durchzudrücken. Yasemin ordnete an, dass ab sofort die Geschlechter im Wechsel sitzen würden. Immer ein Junge neben einem Mädchen und umgekehrt. Für meine damalige Klasse, lauter vorpubertäre Sechstklässler, war das eine Zumutung. Es gab erst mal einen großen Aufschrei.

Doch Yasemin setzte sich durch.

Und tatsächlich schien sie damit einen versteckten Nerv der Klasse getroffen zu haben. Denn auch nach dem Ende unseres Rollentauschs behielten wir die Sitzordnung bis zum Ende des Schuljahres (und sogar noch eine Zeit lang im neuen Schuljahr) bei. Alle waren ruhiger und zufriedener, nachdem sie sich an ihre neuen Sitznachbarn oder -nachbarinnen gewöhnt hatten. Die Kinder artikulierten das sogar ganz offen. Und ich bemerkte noch etwas: Yasemin, die ihre Klassenkameraden natürlich sehr gut kannte, hatte offenbar nichts dem Zufall überlassen. Sie wusste von ein paar heimlichen Schwärmereien – und hatte auch das bei ihren Plänen berücksichtigt.

Ich musste neidlos eingestehen: Sie hat ihre Sache als Lehrerin-auf-Zeit sehr gut gemacht und gezeigt: Wenn man eine Vision hat, lohnt es sich manchmal auch, gegen Widerstände daran festzuhalten und seine Führungsrolle ernst zu nehmen.

17

RITUALE - EIN ECHO DES LEBENS

Rituale waren für mich in der Schule (und auch zu Hause im Umgang mit meinen Kindern) von großer Bedeutung. Ich hatte immer den Eindruck, dass Kinder Rituale von uns Erwachsenen geradezu einfordern. Nachdem ich das verstanden hatte, nutzte ich viele Rituale – und zwar durchaus streng. Das fiel mir, dem Alt-68er, nicht immer leicht. Das kleinliche Einhalten von Regeln widerstrebt mir persönlich eigentlich zutiefst. Aber mit der Zeit begriff ich: Nur wenn Rituale wirklich verlässlich sind, können sie für alle Beteiligten eine Art Freiheitsraum schaffen.

Ritualisierte Vorgänge im Schulalltag bedeuten auch: Der Lehrer muss nicht wütend werden und rumschreien, und die Schülerinnen und Schüler müssen sich nicht anmeckern und anschreien lassen. Beim Nichteinhalten von Verabredungen kann man dem Jugendlichen gegenüber höflich und ruhig bleiben: »Hey, Luka, an welche unserer Regeln hältst du dich gerade nicht?« Konflikte können nach bestimmten Mustern und Abläufen entschärft werden, die allen vertraut sind. Denn was mir ungemein wichtig ist: Die grundsätzliche menschliche Augenhöhe zwischen Erwachsenem und Kind muss erhalten bleiben! Das heißt, dass ich mit meinen Schülern regelmäßig Gespräche geführt habe, um den Sinn unserer Regeln und Rituale zu erklären, und dass ich selbstverständlich auch offen war für Änderungen, wenn die Kinder gute Argumente vorgebracht haben.

Insgesamt kann ich nur betonen: Klare Spielregeln haben für uns alle den Schulalltag deutlich friedlicher gemacht. Daher möchte ich im Folgenden einige der jahrelang erprobten Bachmann-Rituale vorstellen. Nicht als Standardrezept für alles und jeden – eher als Anregung. Am Ende muss jeder seinen eigenen Weg finden, ich hoffe, das ist bis hierher sowieso klar geworden.

Der Friedenskreis

Immer, wenn es zwischen zwei Schülern Stress gab, konnten wir auf den Friedenskreis zurückgreifen. Das muss man sich folgendermaßen vorstellen: Die gesamte Klasse sitzt in einem großen Stuhlkreis, und in der Mitte des Kreises stehen sich die zwei Kontrahenten in gebührendem Abstand gegenüber. Der oder die Geschädigte darf beginnen, Bedingung aber ist, man muss in der Ich-Form sprechen!

Nicht ganz einfach, deswegen haben wir es vorher in Rollenspielen geübt.

Folgendes geht zum Beispiel nicht: »Du Arschloch, du hast mich geschlagen, gebissen, ignoriert ...« Stattdessen lernen wir so zu kommunizieren: »Ich bin sauer. Ich fühle mich schlecht, weil du mich beleidigt oder eine Woche lang nicht beachtet hast.«

Hat der Betroffene alles gesagt, folgt zunächst eine Minute

des Schweigens, bevor der angesprochene Schüler antworten darf – natürlich wieder in der Ich-Form.

Zum Beispiel: »Ich war traurig, weil ich nicht zu deinem Geburtstag eingeladen wurde.«

Danach gibt es wieder eine Schweigeminute.

Abschließend müssen sich die Kampfhähne oder -hühner als Zeichen des guten Willens mindestens den kleinen Finger reichen. Manchmal haben sie sich auch umarmt – aber der kleine Finger war unser Friedensritual-Minimum!

Im Laufe der Zeit ergaben sich Modifikationen des Stuhlkreises, die von den Kindern ausgingen: So konnte der oder die Geschädigte zur Unterstützung einen Freund oder eine Freundin mit in den Kreis nehmen. Diese durften nichts sagen, aber sie standen neben der gekränkten Person, konnten ihr physisch beistehen, ihr den Arm um die Schulter legen und sie so stärken, damit sie sich traute, die eigene Verletztheit zu zeigen.

Warum half uns dieses Ritual so ungemein? Zum einen wurde ein Konflikt auf diese Weise in der ganzen Klasse öffentlich, das allein entschärfte ihn oft schon. Nun mussten alle hinschauen, niemand konnte mehr wegsehen! Durch die ritualisierte Kommunikationssituation kamen außerdem beide Seiten zu Wort – und meistens wich damit bereits ein Großteil des Drucks, der sich bei den Streitenden aufgebaut hatte.

Nur bei schlimmen Vorfällen – brutalsten Schlägereien oder Erpressungsversuchen – mussten dem Täter institutionelle Grenzen gesetzt werden: Androhung einer Klassenkonferenz, Versetzung in eine andere Klasse etc. Alles andere konnten wir oft und gut im Stuhlkreis lösen.

Das Echo-Klatschen

Folgendes Szenario kennt jeder, der mal vor einer Gruppe Kinder gestanden hat: Die Klasse wird im Laufe des Unterrichts immer unruhiger. Was tat ich? Ich klatschte in einem bestimmten Rhythmus in die Hände, das hatte ich mal auf einer Fortbildung gelernt. Die Schüler wussten, was das zu bedeuten hatte. Echo-Klatschen! Sie antworteten mit dem gleichen Klatschrhythmus. Erst ich, dann sie. Wieder ich, wieder sie. Das machten wir so lange, bis auch der Letzte verstanden hatte: Silentium! Und: Herrn Bachmann anschauen! Danach konnte ich den Unterrichtsfluss wieder aufnehmen.

Auch dieses Ritual wurde von den Schülern sehr gut angenommen und weiterentwickelt. Irgendwann übernahm eine Schülerin die Initiative. Sie wollte uns signalisieren, dass der Lärm im Raum sie störte und sie sich nicht mehr konzentrieren konnte. Also begann sie, laut in die Hände zu klatschen. Wir alle verstanden ihr Signal sofort und antworteten ihr mit unserem Echo-Klatschen. Danach wurde es still, und die Klasse schaute sie erwartungsvoll an: Jetzt besser?

Das meine ich mit Augenhöhe. Ab diesem Tag beschlossen wir, dass Schüler das Klatschritual genauso jederzeit beginnen durften wie Lehrer. Abgesehen davon, dass das Ritual wirkte, wurde es von allen geliebt, weil es so dynamisch und musikalisch ist. Wer klatscht denn nicht gerne als Gruppe im Takt?

Die Klasse betreten

Folgendes Bild: Einige Minuten vor acht Uhr, der Lehrer ist schon im Klassenzimmer, die Klasse wartet im Flur. Kurz bevor der Unterricht beginnt, geht der Lehrer zur Tür des Klassenzimmers und bittet die Kinder freundlich einzutreten. Überschreiten die Schüler die Türschwelle, redet niemand mehr, sondern alle begeben sich zügig und leise an ihren Platz und richten sich dort ein für das, was nun kommt.

So lief das bei uns jeden Tag.

Und wenn es nicht so lief, wiederholten wir es.

Denn das morgendliche Ritual ging bei uns mit folgenden Regeln einher: Schmeißt jemand seine Tasche zu laut auf den Tisch oder beginnt ein Gespräch mit seinem Nachbarn, bitte ich alle noch mal vor die Tür, und das ganze Prozedere beginnt von Neuem ... Tür öffnen, begrüßen, über die Schwelle treten, zum Platz gehen, vorbereiten.

Zur Not machten wir das zweimal, dreimal, viermal. Wir blieben höflich, bis der Unterricht in Ruhe starten konnte. Auch dieses Ritual wurde von den Schülern zunehmend als angenehm empfunden.

Den Unterrichtsschluss haben wir ganz ähnlich gestaltet: Die Kinder haben zunächst ihren Platz aufgeräumt, ihre Stühle auf den Tisch gestellt und das Klassenzimmer gefegt. Alles erledigt? Dann haben wir den Unterrichtstag mit einer Schweigeminute beendet, bevor wir zusammen das Klassenzimmer verlassen haben. Klappte es nicht mit dem ruhigen Aufräumen und dem Schweigen, wurde noch eine Minute drangehängt. Notfalls auch eine dritte.

Was der Sinn des Ganzen war?

Ganz einfach: Ich bin mir sicher, dass es eine Art kollektives unbewusstes Klassengedächtnis gibt. So, wie das Klassenzimmer spätnachmittags verlassen wird, so wird es oft am nächsten Morgen auch wieder betreten. In unserem Fall: konzentriert, ruhig, gelassen. Dieses angenehme Grundgefühl erspart allen Beteiligten sehr viel unnötigen Stress.

Das Überholverbot
(wichtig vor allem bei Ausflügen)

Dieses Ritual besagt, dass niemand den vorangehenden Lehrer überholen darf. Niemals, unter keinen Umständen. Das klingt sehr streng, schafft aber vor allem in fremden Städten im Straßenverkehr eine große Sicherheit.

Ich habe mir diese Regel von meinen Pferden abgeguckt. Spaziert man mit einem jungen Pferd am Halfter durchs Gelände, dann zeigt das Tier durch das Nicht-Überholen des vorangehenden Menschen, dass es Vertrauen hat und weiß, dass es mit diesem Führer keinen Schaden erleiden wird. Daher ordnet es sich gerne unter. In der Reitersprache gibt es dafür den Begriff der Anlehnung. Er bedeutet, dass man seinem Pferd durch unmissverständliche Hilfen Orientierung und Sicherheit vermittelt. Vor allem durch eine klare Körpersprache. So kann zwischen Pferd und Mensch eine vertrauensvolle Bindung erwachsen – aber eben nur, wenn der Mensch seiner Führungsverantwortung gerecht wird.

Das habe ich, ohne dass es mir jemand theoretisch erklärt hätte, schon als Kind verstanden. Verrückt nach Pferden, nach ihrem Geruch, ihrer Stärke, ihrer Anmut war ich schon immer. Mit elf oder zwölf Jahren habe ich meine Eltern so lange genervt, bis ich bei einem Bauern in der Umgebung von Rottweil Reitunterricht nehmen durfte. Dieser alte Bauer war ein Pferdenarr, ein ehemaliger Dragoner aus dem Ersten Weltkrieg, der sich seinen Traum erfüllt hatte und neben Schweinen und Rindern auch Trakehner züchtete.

Von nun an verbrachte ich den Großteil meiner Freizeit auf seinem Hof. Eines seiner Pferde faszinierte mich besonders: ein Brauner mit schwarzem Behang namens Alerich, den der Bauer und seine Frau aber nur »Wilderer« nannten.

Der Spitzname war kein Zufall: Niemand konnte Wilderer reiten.

Denn entweder blieb er stur stehen und ließ sich nicht bewegen, oder er warf die Leute kurzerhand ab. Der Bauer und seine Frau mochten ihn trotzdem und ließen ihn fast täglich für einige Stunden in der Reithalle frei laufen. Sie hatten großen Spaß, ihn dabei zu beobachten.

Mit 13, 14 Jahren begann ich mich immer mehr für ihn zu interessieren. Ich setzte mich auf die Reithallenwand, begann ihn zu füttern und mit ihm zu spielen. Irgendwann war es so weit: Ich hatte keine Angst mehr vor Wilderer und wollte ihn reiten! Tatsächlich schaffte ich es, ihm eine Trense über die Ohren zu ziehen und von einem umgedrehten Futtereimer aus auf seinen Rücken zu springen. Die Zügel hielt ich in der Hand, einen Sattel hatte ich nicht. Wilderer machte ein paar verwunderte Schritte in die Halle, schlug blitzschnell einen Haken wie ein Hase – und ich fand mich auf dem sandigen Boden wieder. Die Zügel hatte ich dabei immerhin nicht losgelassen. Wütend stand ich auf, zog ihn zu mir heran, warf mich mit aller Kraft gegen seine Brust und schrie aus voller Kehle: »So nicht, mein Freund!« Überrascht von diesem unerwarteten Kräftemessen trippelte er ein paar Schritte rückwärts, wich mir also aus.

Der Bauer, der zufällig zugeschaut hatte, kam laut lachend zu uns – und schneller, als ich denken konnte, saß ich wieder auf dem Pferd. Ich hörte ihn noch sagen:

»Jetzt lass ihn am langen Zügel. Gaaaaanz lang lassen!«

Was nun geschah, wirkte auf mich wie ein Wunder: Wilderer schmiss mich an diesem Tag nicht mehr ab – und auch an keinem anderen mehr. Es dauerte nicht lange, da konnte ich ihn ohne Sattel alleine ausreiten.

An dieser Stelle mache ich einen großen zeitlichen Sprung in mein Lehrerdasein Mitte der 1990er-Jahre, als es um ein ähnliches Kräftemessen gehen soll. Ein total renitenter Schüler, Mehmet, mit dem niemand zurechtkam, wurde in meine Hauptschulklasse strafversetzt. Sein schlimmer Ruf eilte ihm voraus. Und natürlich stellte er mir sogleich wortlos die gleiche Gretchenfrage wie Wilderer:

Wer ist hier der Chef?

Unseren Showdown erlebten wir nach der Pause auf der Schwelle zum Klassenzimmer: Ich kam aus dem Lehrerzimmer, wollte gerade den Raum betreten, die Tür stand halb offen, ich hatte einen Fuß schon auf die Schwelle gesetzt – da flog die Tür zu. Jemand hatte sie von innen mit aller Kraft zugeknallt. Ich konnte gerade noch die Arme hochwerfen und das Türblatt abfangen, bevor es mir an den Kopf geknallt wäre. Meine Reaktion auf den Angriff war reflexhaft: Im gleichen Atemzug, wie ich die zufliegende Tür abgewehrt hatte, stieß ich sie mit voller Wucht wieder auf. Dabei flog sie direkt gegen Mehmet, der hinter ihr gestanden hatte und der sich nun sehr verblüfft auf dem eigenen Hosenboden wiederfand. Zum Glück unverletzt.

Die Klasse war mucksmäuschenstill vor Schreck.

Ich ging zu Mehmet und reichte ihm zum Aufstehen die Hand. Er nahm sie, richtete sich auf und saß die nächsten zwei Stunden neben mir am Lehrerpult. Über den Vorfall verloren wir kein Wort.

Am Ende der Stunde fragte ich ihn schließlich: »Alles klar, Mehmet?«

»Alles klar, Herr Bachmann«, lautete seine Antwort, und sie klang nicht patzig, nicht beleidigt, auch nicht verängstigt, eher freundlich und respektvoll. Wie bei Wilderer war unser kleiner »Zusammenstoß« der Beginn einer sehr guten Beziehung.

Zum Glück ist mir so etwas in der Heftigkeit nie wieder passiert, aber ich glaube, das lag wohl daran, dass ich im Laufe der Jahre klarer wurde in der Wahrnehmung meiner Lehrerrolle und dass ich auch meine Körpersprache besser einsetzen konnte.

Was ich aus der Episode gelernt habe? Die Rangordnung muss Schülern und Lehrern klar sein. In Japan lautet ein kluges Sprichwort: *Wer erwachsen ist, der geht voran.* Ich finde, das ist ein sehr schönes Bild. Denn es geht bei einer Rangordnung im Klassenzimmer nicht darum, als Lehrer autoritär zu sein oder um jeden Preis immer recht zu haben. Nein, es geht darum, die übertragene Verantwortung zu verstehen und gut auszufüllen. Die Kinder spüren das sofort: Da ist einer, der die Führung übernimmt und bei dem ich mich sicher fühlen kann.

Bei Wilderer konnte ich die Zügel locker lassen, nachdem

wir eine Bindung aufgebaut und unser Verhältnis grundsätzlich geklärt hatten. Denn ab diesem Tag liebte er mich, und er liebte auch den Freiraum, den ich ihm bei unseren Ausritten ließ. Der Bauer hatte mir viel vom Krieg erzählt, von den geschundenen Pferden auf den Schlachtfeldern und den soldatischen Reitern, die die Zügel viel zu eng hielten. »Völlig falsch!«, erklärte er mir. »Du kannst nicht zehn Stunden am Tag auf einem Pferd sitzen und das Tier die ganze Zeit kontrollieren wollen. Du brauchst einen Partner, der sich die besten Wege selbst sucht.«

An diesen Gedanken hielt ich mich auch als Lehrer. Ob auf Ausflügen oder im Klassenraum: Die Kinder und ich, wir waren keine Gegner, sondern Partner. Aber ich blieb der Beschützer, der Taktgeber, der, der die grundsätzliche Richtung weist. Daran ließ ich nie einen Zweifel. Die innere Freiheit der Kinder entwuchs aus der Sicherheit, die dieser Rahmen ihnen vorgab.

Deshalb hatten wir nicht nur das Ritual des Überholverbots, sondern meine Klassen liefen außerhalb des Klassenraums grundsätzlich in altmodischen Zweierreihen. Und auf Bahnsteigen war es den Schülern strengstens verboten, die durchgezogene Linie in Richtung Gleisbett zu überqueren. In dieser Frage war ich absolut gnadenlos, das zog ich mehrmals wirklich konsequent durch:

»Wer auch nur den kleinen Zeh auf diese Linie setzt, der bleibt erstens beim nächsten Mal zu Hause – und läuft zweitens heute den restlichen Tag neben mir.«

Die Kinder wussten: Das sagt Herr Bachmann nicht nur, das meint er auch. Meine Kompromisslosigkeit hatte einen ernsten Hintergrund. In der Nähe unserer Stadt war mal ein Kind bei einem Klassenausflug tödlich verunglückt. Im Bahnhof, erfasst von einem einfahrenden Zug. Unter keinen Umständen wollte ich irgendwas in dieser Art selbst erleben müssen. Die Kinder haben nach anfänglicher Eingewöhnung dieses Ritual sehr gerne angenommen, und alle Beteiligten fühlten sich wohl damit.

18

MOTORRADMÄRCHEN
TEIL III
CHARLIE

Das Motorradfahren war für uns junge Typen zunächst etwas ganz Pragmatisches: Wir konnten uns mit 18 Jahren kein Auto leisten – also fuhren wir Motorrad. Das war erschwinglich. Doch bald wurde das Motorradfahren zum Traum für unsere Road-movies durch Europa. Und wir waren stolz auf unsere Hondas oder Moto Guzzis, die es uns ermöglichten, die Welt zu entdecken.

Eine Geschichte, die ich nie vergessen werde: Ich war so Mitte 20 und hatte eine Motorradtour nach Südfrankreich geplant. Die Freunde, die zunächst begeistert dabei waren, sprangen einer nach dem anderen ab – und so fuhr ich einfach alleine los. Schließlich fand ich mich in den Cevennen wieder, etwas nördlich von Montpellier. Die Gegend erschien mir geheimnisvoll. Die Ce-vennen sind eine abwechslungsreiche Landschaft: Es gibt Hoch-ebenen (bis zu 1650 Meter) mit einem Gebirgsklima und uralten Dörfern an Karstfelsen geschmiegt. Dann wieder gehen steile Schluchten (wie im Ardechetal) in ein mediterranes Klima über mit sauberen Flüssen, römischen Aquädukten ... Eine Landschaft wie gemalt für Motorradfahrer. In einem idyllischen Dorf war die

Jugendherberge in einem umgebauten Bauernhof untergebracht. Dort mietete ich mich ein.

Schon beim ersten Frühstück fiel mir ein Jugendlicher auf, vielleicht 15 oder 16 Jahre alt, der die Gäste zum Lachen brachte und dessen Aufgabe es offensichtlich war, dass immer genug Pain blanc und Café au Lait da waren. Viel verstanden habe ich nicht von den Scherzen, die er machte. Er sprach wie die meisten Franzosen, denen ich auf dieser Reise begegnete, einen Midi-Dialekt, wie er im Süden gebräuchlich ist.

Am frühen Abend – es wurde gerade dunkel – kehrte ich von einer Motorradtour in den schwach beleuchteten Hof der Jugendherberge zurück. Als ich gerade dabei war, den Seitenständer runterzudrücken, sprang der Junge aus dem Frühstücksraum erschrocken von einer Bank hoch.

Wild gestikulierend bedeutete er mir: »Absteigen! Absteigen! Helm abnehmen!«

Erstaunt kam ich dem nach – und jetzt musste er lachen, weil er mich erkannt hatte. Dieser schwarze Ritter in Harnisch und Helm war nun gar nicht mehr Furcht einflößend.

Der Junge hüpfte aufgeregt herum und begann zu singen. Dabei lenkte er meine Aufmerksamkeit hinter seinen Rücken – dort hatte er etwas verborgen. Grinsend zeigte er mir schließlich seine Zigaretten.

»Oioioi«, sagte ich und musste auch lachen. Ich setzte mich neben ihn auf die Bank und bekam nun auch eine Gauloise Bleue. Er redete so schnell, dass ich wieder einmal überhaupt nichts verstand, aber irgendwie verstand ich doch alles. Er stellte sich als Charlie vor.

Mein gebrochenes Französisch fand er so witzig, dass er versuchte, mich zu imitieren, während ich sprach.

So redeten wir lange miteinander und ein bisschen auch aneinander vorbei, aber das war egal. Ich erklärte ihm auf seinen Wunsch hin mein Motorrad, und wir drehten ein paar gemeinsame Runden über den Hof. Charlie trug dabei stolz meinen Helm. Dann pafften wir weiter.

Ich weiß nicht genau, was es war, aber dieser Abend mit ihm auf der Bank im Hof zählt zu meinen schönsten Erinnerungen an diesen Sommer in Südfrankreich. Charlie vermochte es, eine ganz besondere Stimmung zu erzeugen und ohne viele Worte Wärme und Ehrlichkeit in unsere Begegnung zu tragen. In dieser Nacht schlief ich gut, trotz jeder Menge schnarchender Hippies über und neben mir.

Beim Abschied am nächsten Morgen vergossen Charlie und ich ein paar Tränen, und ich musste noch lange an ihn denken, während ich weiter durch die herrliche Landschaft fuhr. Was für ein Talent für Freundschaft dieser Junge doch besaß!

Eigentlich ist es nebensächlich, aber eine Kleinigkeit habe ich unterschlagen: Charlie war ein Junge mit Downsyndrom. Später in der Schule durfte ich noch weitere Jungen und Mädchen mit Downsyndrom kennenlernen und war immer fasziniert von ihrer herzlichen Art. Da gab es zum Beispiel Laura, der ich an der ersten Gesamtschule begegnete, an der ich wieder anfing, als Lehrer zu arbeiten. Laura hatte zwei große Leidenschaften: Plätzchenbacken für die ganze Klasse und – ganz erstaunlich – einmal in der Woche ein Klavierkonzert! Sie war eine ausgezeichnete Klavierspielerin, die uns mit ihrem Können bereicherte. Das Beste an ihr aber war ihr ansteckendes Lachen und ihr großes Einfühlungsvermögen. Laura erinnerte mich sehr an Charlie.

Diese und ähnliche Erfahrungen haben mich zu einem großen

Befürworter für die inklusive Beschulung von Kindern mit Be-
hinderung in der Regelschule gemacht. Übrigens wurden in alten
Kulturen, wie die der Azteken, Menschen mit Downsyndrom als
Sonnenmenschen gesehen, mit besonderen magischen Fähigkeiten.

19

LEBT LIEBER GEFÄHRLICH

Eines meiner Lieblingsprojekte für die jährliche Projektwoche der Schule hieß: »Wir boxen uns durch die Woche«. Kurz vorweg: Das Boxen mit Jungen und Mädchen gemeinsam verfolgt nicht das Ziel, Aggressionen rauszulassen oder sich gegenseitig gepflegt aufs Maul zu hauen. Es geht auch nicht darum, zu gewinnen oder zu verlieren. Im Gegenteil, die Kinder sollen lernen, für sich und andere zu sorgen und Verantwortung zu übernehmen.

Wie das zum Boxsport passt?

Das erkläre ich gerne.

Ich hatte für das Projekt, bei dem Kinder aus mehreren Klassen und Jahrgangsstufen zusammenkamen, eine Gymnastikhalle angemietet, in der sonst ein Verein trainierte. Dort gab es das komplette Equipment mit Boxhandschuhen in ausreichender Anzahl, außerdem Kopfschutz, Sandsäcke, Boxbirnen und Bandagen. Wir mussten nichts mitbringen, nur den Zahnschutz aus Plastik sollten die Schüler für ein paar Euro selber kaufen. Das machte die Sache in der Vorbereitung recht unkompliziert.

Den Ablauf unserer Boxveranstaltung kann man sich wie folgt vorstellen: Zu Beginn saßen wir zunächst alle im Kreis auf dem Boden. Unter einem großen Bettlaken in der Mitte hatte ich das gesamte Boxequipment versteckt, das keines der Kinder bis zu diesem Zeitpunkt gesehen hatte. Alle waren sehr gespannt. Was war bloß unter dem Tuch? Das Prozedere erinnerte an das weihnachtliche Warten aufs Christkind. Die Neugierde der Schülerinnen und Schüler wuchs, alle waren aufmerksam und geistig anwesend – genau wie ich es mit meiner kleinen Dramaturgie beabsichtigt hatte.

Schließlich zog ich in einem theatralischen Ruck das Laken zur Seite, und wir erkundeten, welches Geheimnis darunter auf uns wartete. Ich erklärte in Ruhe die einzelnen Dinge wie »Boxhandschuhe« und »Kopfschutz«. Wir legten beides auch schon mal probehalber an und hatten da schon ziemlich viel Spaß. Sehr ungewohnter Anblick!

Im nächsten Schritt zeigte ich den Kindern, wie man die Handbandagen korrekt anlegt, die unter den Boxhandschuhen als Schutz getragen werden. Schon das Bandagieren und Umziehen erforderte viel gegenseitige Unterstützung – die Schüler kontrollierten bei ihren Partnern, ob alles perfekt saß. Sie gaben sich Tipps und Hilfestellungen, damit am Ende alle Hände gut bandagiert und die Boxhandschuhe richtig verschnürt waren. Dabei gingen die Schüler sowohl mit dem Material als auch mit ihren Mitschülern in der Regel sehr sorgsam um.

Das Einlegen des Zahnschutzes war immer mit ziemlicher Aufregung verbunden – »Das ist soooo eklig, Herr Bachmann!« –, aber es war letztendlich auch sehr lustig, dass wir nun alle ein bisschen wie Graf Dracula aussahen. Und: Man fühlte sich so direkt wie ein Profiboxer!

Wenn schließlich ein Mädchen oder Junge in voller Boxausstattung vor uns stand, war das schon beeindruckend! Die Kinder waren mächtig stolz, boxten ein bisschen in die Luft und ließen sich dabei sehr gerne von den anderen fotografieren.

Als alle fertig umgezogen waren, begannen wir, die verschiedenen Boxstationen in der Halle zu erkunden. Es gab etliche abwechslungsreiche Trainingselemente. Arbeit am Boxsack, Schattenboxen vor einem Spiegel, Übungen auf einer Matte, Schlag- und Abwehrtechniken verbessern, Seilspringen, Sit-ups, Liegestütze – eben alles, was zu einem ordentlichen Boxtraining gehört. Sogar eine kleine Theorieecke hatten wir integriert, da konnte man erfahren, dass es beim Boxen drei unterschiedliche Distanzen gibt und dass eine Umklammerung des Gegners, ein Clinch, nicht erlaubt ist.

Pro Tag trainierten wir rund zwei Stunden an den Stationen. Nur wer dieses Training absolviert hatte, durfte bei mir anschließend einen Sparringskampf mit einem Partner oder einer Partnerin beantragen. Wie kann so ein Boxkampf zwischen zwei absoluten Anfängern ablaufen, ohne dass es doch aus Versehen zu Verletzungen körperlicher oder seelischer Art kommt? Ich war dafür zuständig, diesen Rahmen zu schaffen, damit aus dem Kampf eine wirklich gute Erfahrung für die Kinder werden würde. Schließlich war der Zweikampf der Höhepunkt des Trainings. (Natürlich war die Teilnahme an den Sparringskämpfen absolut freiwillig! Es gab auch immer Schüler oder Schülerinnen, die darauf keine Lust hatten. Die wurden weder gedrängt noch überredet.)

Das Geheimnis unserer fairen und partnerschaftlichen Zweikämpfe bestand darin, dass die Kinder vorab lernten, bestimmte Schlagstärken anzusagen – und dann auch einzuhalten. Das klang so:

»Herr Bachmann, ich boxe jetzt mit 25 Prozent meiner maximalen Schlagkraft.«

Das übten sie an Matten, oder ich stellte mich vor sie und ließ sie gegen meine Hand schlagen. Danach gab ich Feedback:

»Das sind 25 Prozent bei dir? Na ja, das finde ich ein bisschen zu stark für 25 Prozent.«

So übte jedes Kind, 25, 50 oder 75 Prozent seiner individuellen Schlagkraft abzurufen. Die Schüler lernten dabei nicht nur körperliche Selbstkontrolle, sondern sie bekamen auch ein Gefühl für ihre eigene Kraft. Eine unglaublich wertvolle Erfahrung!

Wenn ein Sparringskampf von mir genehmigt worden war und ein Schüler einen Partner zum Kampf aufforderte, wurde ein Ring um die zwei Kämpfenden gebildet. In der Mitte war der Boden mit Turnmatten ausgelegt, und um die Matten herum standen die anderen Schüler mit den Armen schützend nach vorne ausgestreckt, sodass die Verletzungsgefahr noch mal minimiert wurde.

Ich überprüfte vor dem Kampf penibel die Handschuhe, den Kopf- und Zahnschutz und fragte die zwei Kontrahenten, welche Schlagkraftvereinbarung sie miteinander ausgemacht hatten.

»50 Prozent, Herr Bachmann.«

Noch ein letztes Mal streckte ich meine Hände aus und ließ die Kämpfenden mit ihrer jeweiligen 50-Prozent-Kraft dagegen boxen. Erst, wenn ich nickend mein Einverständnis gegeben hatte, ging es los.

Natürlich war ich als Lehrer immer der Ringrichter. Ich wäre sofort eingeschritten, wenn einer der Boxer doch deutlich härter als vereinbart zugeschlagen oder es anderweitige Regelverstöße gegeben hätte. Beides kam nur selten vor. Am Ende mehrerer Runden riefen wir einen Sieger und einen Verlierer aus – aber meist spielte das gar keine große Rolle. Beide Nachwuchsboxer bekamen einen riesigen Applaus von der Klasse, die sie umringte und so den Boxring ersetzte.

Unser Boxtag endete stets, wie er begonnen hatte: mit einem gemütlichen Sitzkreis. Jeder Schüler konnte noch mal erzählen, welche Erfahrungen er an diesem Tag gemacht hatte. Ich schilderte ebenfalls meine Eindrücke, verteilte Lob und sprach Dinge an, die wir vielleicht noch besser hätten machen können. Im Anschluss, wenn alle ihre Boxhandschuhe und den Kopfschutz abgelegt und ordentlich verstaut hatten, spielten wir oft noch eine Runde Fußball oder Handball – zum Entspannen.

Ich habe mit dem Boxen immer sehr gute Erfahrungen gemacht. Natürlich gab es hin und wieder Jungs, das will ich nicht verschweigen, mit denen plötzlich ihr Temperament durchging und die aufeinander losdroschen. Derjenige, der den unerlaubten Kampf begonnen hatte, musste am nächsten Projekttag einige zusätzliche Trainingseinheiten absolvieren, bevor er bei mir wieder einen offiziellen Kampf beantragen durfte.

Im Laufe einer Woche wurden die Kinder stetig selbstbewusster mit ihren Boxhandschuhen. Manchmal, das war immer ein besonderer Höhepunkt, hat sogar ein Mädchen gegen einen Jungen gekämpft. Was ich außerdem bei diesem

Projekt erlebt habe: Die Freundschaften unter einzelnen Schülern wuchsen. Und: Wenn wir uns gemeinsam durch die Woche geboxt hatten, gab es noch monatelang Gesprächsstoff auf dem Schulhof!

Denn bei so einem Projekt erarbeitet sich eine Gruppe automatisch Verhaltensregeln; auch Teamgeist und Gemeinschaftsgefühl werden gestärkt. Natürlich könnte man auch andere Sportarten nutzen, um soziales Lernen in die Schule zu tragen. Aber ich war immer der Meinung, dass Boxen – und Reiten! – sich dafür besonders gut eignen.

Der Gegenwind ließ nicht lange auf sich warten. Viele meiner Kollegen waren der Ansicht, dass könne man nicht machen: Boxen sei viel zu gefährlich! Hohe Verletzungsgefahr! Und schon gar nicht mit diesen schwer kontrollierbaren und angeblich undisziplinierten Schülern! Tatsächlich gehören Reiten und Boxen zu den zehn gefährlichsten und verletzungsintensivsten Sportarten der Welt, das Argument war also nicht ganz aus der Luft gegriffen.

Ich kannte die Statistiken. Aber ich erinnerte mich auch an meine eigene wilde Kindheit auf der Straße, an unsere Abenteuerlust und unsere Risikofreude. Wir veranstalteten nicht selten Dinge, die übel hätten ausgehen können. Aber dabei lernten wir unsere Fähigkeiten und Kräfte jeden Tag besser einzuschätzen. Ich war daher als Erwachsener immer der Meinung, dass man Schüler bloß nicht von früh bis spät in Watte packen und jede noch so kleine Hürde oder Gefahrenquelle von ihnen fernhalten sollte. Traut den Kindern etwas zu, lasst sie machen, gebt ihnen Freiräume – dieser Gedanke ist ein wichtiges Fundament meiner Pädagogik geworden.

Dazu passt eine kleine Irland-Geschichte, die mir gerade in den Sinn kommt: Während ich an meiner Examensarbeit über Gottfried Keller schrieb, benutzte ich die Wochenenden, um durchs Land zu ziehen. Einmal war mein Ziel der Ring of Kerry im Süden Irlands. Zufällig landete ich in Killarney vor einem Supermarkt. Dort lernte ich Sean und Paddy kennen, die hier mit Coladosen in der Hand abhingen. Die beiden waren vielleicht 16 oder 17 Jahre alt. Ich durfte mich zu ihnen setzen und neugierig fragten sie, woher ich käme.

Sie erzählten, dass sie nicht mehr zur Schule gingen, sondern bald in England arbeiten würden. Mir war ihre ziemlich abgenutzte, einfache Kleidung bereits aufgefallen.

Plötzlich fiel mein Blick auf eine gegenüberliegende Weide. Da standen mehrere irische Tinker, große, kräftige Pferde. Neugierig fragte ich die beiden: »Wem gehören denn die schönen Tiere da drüben?«

Sie lachten. »Niemandem.«

Und Paddy setzte noch zwinkernd hinzu: »Na ja, irgendwie wohl uns!«

Kurze Zeit später standen wir zu dritt auf der Weide. Paddy verschwand schnell im Gebüsch, um mit einem selbst gemachten Knotenhalfter in der Hand zurückzukommen. Ob ich reiten wolle?

»I love riding!« Ich war begeistert!

Wir halfen uns gegenseitig auf die Pferde – und sofort begann ein wildes Rennen, ohne Sattel, ohne Helme. Irgendwie klammerten wir uns fest, mit Armen und Beinen. Die beiden Jungs, die sicher nie Reitunterricht gehabt hatten, kannten nur eine Gangart: Galopp!

Am Ende der Wiese begann eine kleine gepflasterte Straße.

Hier weiterzugaloppieren, war ein wirklich halsbrecherisches Unterfangen. Aber keiner von uns wollte langsamer werden, auch die drei Tinker nicht. Erst nach einer Viertelmeile bremsten die Pferde vor einem Pub ab. Sie kannten den Weg offensichtlich schon.

Sean und Paddy rutschten von ihren Pferden. »Come on, Dieter!« Die Tiere wurden vom improvisierten Halfter gelassen und liefen in Richtung Weide zurück.

Den Rest des Tages verbrachte ich mit den beiden Jungs im Pub, der sich mit immer mehr Jugendlichen füllte. Sie kamen wohl alle aus einem Vorort von Killarney, aus einer Wohngegend, in der niemand lebte, der das Portemonnaie voll hatte, wenn er morgens aufstand. Ich fühlte mich wohl mit ihnen allen – auch in Irland hatte ich die furchtlosen Straßenjungs meiner Kindheit wiedergefunden!

Was ich mit dem Boxprojekt und dem irischen Pferderennen illustrieren will: Das Leben ist eben manchmal ein bisschen gefährlich. Eine blutige Nase oder ein kleiner Sturz lassen sich nicht immer vermeiden. Aber soll man Kinder deshalb von allem fernhalten, was ihnen Spaß macht? Soll man alles verbieten, was eventuell in die Hose gehen könnte? Kein Klettern auf Bäume, keine Übernachtungen im Wald, kein Hantieren mit Werkzeugen, kein Reiten, kein Boxen? Man kann es doch auch so sehen: Bei einer umsichtigen Vorgehensweise hält sich die Gefahr in Grenzen – und es gibt dafür so viel zu gewinnen.

20

MEIN LEHRER-BLUES

Etwa ein halbes Jahr nach der Geburt meines ersten Sohnes schlich sich eine Depression in mein Lehrerleben ein. Alles war auf einmal zu viel, nichts ging mehr. Meine damalige Frau war Psychologin, sie hat ziemlich schnell verstanden, was mit mir los war. Es war ja auch offensichtlich: Ich hatte in immer kürzeren Abständen Panikattacken und Angstzustände, litt unter Antriebslosigkeit – manchmal wusste ich nicht, wie ich den Weg von meinem Bett bis ins Bad schaffen sollte. Noch nie zuvor hatte ich solche Gefühle erlebt: Ich hatte Angst nicht mehr atmen zu können, ich hatte Angst zu sterben. Und immer wieder ergriffen mich wie aus dem Nichts gnadenlose Erschöpfungszustände.

Zur Selbstberuhigung malte ich mir Kinderbilder an die Wand neben meinem Bett: Ich zeichnete liegend Laternen und Eidechsen, Frösche, Sonne, Mond und Sterne. Das hielt ich maximal ein oder zwei Stunden durch; danach war ich erledigt wie ein Marathonläufer, der bei 40° Celsius seine Runden drehen musste. Ich bin nie Marathon gelaufen, aber so stelle ich mir das vor. Ich konnte mich anschließend stundenlang nicht mehr bewegen und dachte: Das war's jetzt.

Wir wohnten als Familie zu dieser Zeit in einer größeren

Hofgemeinschaft. Aber ich, der immer gesellig gewesen war, ertrug plötzlich keine Menschen mehr. Wenn Hofbesuch kam und im Garten viele Menschen fröhlich zusammensaßen, schlich ich leise zur Hintertür raus und verkroch mich in ein kleines wildes Wäldchen, das hinter unserem Grundstück auf einer Brache gewachsen war. Ich fürchtete mich nicht nur vor dem Zusammentreffen mit anderen, ich ertrug auch den Gedanken nicht, dass mich jemand in meinem verunsicherten Zustand sehen könnte. Eine unendliche Scham hatte mich erfasst, und das waren nicht die einzigen emotionalen Höllenhunde, die in mir erwacht waren.

Selbst die Musik – seit Irland mein tägliches Lebenselixier, mein verlässlicher Trost, mein geliebtes Kommunikationsmittel – war kaum eine Hilfe. Das einzige Lied, das ich in dieser Zeit auf der Gitarre spielen und bei dem ich leise singen konnte, war von Karat: *Über sieben Brücken musst du geh'n, sieben dunkle Jahre übersteh'n, sieben Mal wirst du die Asche sein ...*

Allerspätestens bei Asche heulte ich jedes Mal laut los.

Ansonsten aber konnte ich gar nicht mehr weinen und auch gar nichts mehr fühlen. Ich wusste, dass ich meinen kleinen Sohn abgöttisch liebte, aber ich spürte es nicht mehr im Herzen. Diese innere Kälte war das Grausamste! Ich kam mir wie die Wiedergeburt eines Zombies vor.

Trotzdem schleppte ich mich anfangs noch in die Schule – zum Glück unterrichtete ich damals an einer Schule, an der ich mit den Schülerinnen und Schülern den ganzen Tag im Hof Steine klopfen durfte. Richtigen Unterricht in einem Klassenzimmer hätte ich wahrscheinlich nicht durchgehalten; da wären klaustrophobische Gefühle über mich hereingebrochen. Sobald ich das Schulgebäude betrat, wollte ich sofort wieder wegrennen. Nur auf dem Schulhof unter freiem Himmel, mit den Händen an den Steinen, ging es halbwegs.

Eigentlich fühlte ich mich selbst wie die Steine, die ich mit den Schülern bearbeitete: bewegungs- und gefühllos, ohne Atem, ohne Puls.

Nachmittags fuhr ich mit dem Auto von der Schule zu unserem Hof zurück, der etwas außerhalb der Stadt lag. Ich saß so verkrampft hinter dem Lenkrad, als hätte ich vor ein paar Tagen erst meinen Führerschein gemacht, und musste wirklich aufpassen, dass ich Gas und Bremse nicht verwechselte.

Es gab in dieser furchtbaren Phase eigentlich nur einen einzigen Ort, an dem ich kurz zur Ruhe kam: im Stall, bei meiner Stute Bonita Cool. Wenn ich ritt, war die Depression für einen Moment wie ausgeknipst. Manchmal blieb ich zwei, drei Stunden auf Bonitas Rücken, um danach müde abzusteigen und kurz ein bisschen schlafen zu können – denn nachts wälzte ich mich nur noch schlaflos hin und her.

Meine damalige Frau sagte mir immer wieder, dass ich professionelle Hilfe bräuchte. Als Psychologin wusste sie, dass ich ernsthaft krank war. Ich aber wollte alles selbst regeln und auf die Reihe kriegen. Auch das ist ja ein Teil der Krankheit – diese absolute Uneinsichtigkeit. Jedenfalls ließ ich mir von niemanden etwas sagen, nahm keinen Rat an.

Erst der Höhepunkt der Depression brachte in gewisser Weise auch den Wendepunkt: Irgendwann konnte ich nicht mal mehr im Sonnenlicht sitzen. Ich sehnte mich nur noch danach, dass es Nacht wurde. Sobald Sonnenstrahlen in mein

Zimmer fielen, drückte ich mich in die Ecken, um mich in den Schattenwürfen der Wände zu verstecken. Vor lauter Erschöpfung lag ich viel, konnte und wollte dabei aber unter keinen Umständen einschlafen – weil im Schlaf stets Albträume der bösesten Art auf mich warteten. Einmal, nachdem ich doch eingenickt war, hatte ich tatsächlich das Gefühl, nicht mehr aus einem tödlichen Albtraum herauszufinden. In diesem Traum bin ich für einige Sekunden gestorben ... Ich hatte mein Leben losgelassen.

Als ich die Augen wieder aufschlug, wusste ich endlich: Ich muss mir helfen lassen.

Jetzt sofort.

Sonst überlebe ich das hier nicht.

Zum Glück fand ich schnell einen privaten Therapieplatz in der Nähe. Ein ganz besonderer Ort, eine alte Mühle mit Stromselbstversorgung, wunderschön gelegen – ich hatte dort irgendwie das Gefühl, auf einem Dampfschiff zu sein. Vor Ort arbeiteten eine Handvoll Therapeuten, tolle Leute. Viele der Patienten kämpften genau wie ich mit Angstzuständen und Depressionen.

Ich ließ mich auf eine sogenannte Bonding-Therapie ein, die Wunder wirken sollte. Das funktionierte folgendermaßen: Ich bekam jede Menge Kuscheltiere, wurde dick in Decken eingepackt, alle möglichen Menschen nahmen mich in den Arm, und ich konnte mich, sooft ich es wollte, an meine Lieblingstherapeutin anschmiegen – auch während unserer Sitzungen. Der ärztliche Leiter hatte mich zu Beginn eingehend untersucht und war sich dann sicher: »Dieter, dein emotionaler Ernährungszustand ist auf ein absolutes Minimum geschrumpft!« Er erklärte mir, dass ich wieder neu lernen müsse, auf Menschen zuzugehen. »Menschen brauchen Menschen,« betonte er, »wir alle brauchen Kontakt und Wärme!«

Ich aber war immer noch auf der Flucht vor mir und den anderen. Und weil ich vor Erschöpfung nicht mehr aufrecht gehen konnte, kroch ich weg, wie ein Kleinkind. Einmal fing meine Lieblingstherapeutin mich dabei ab, als ich versuchte, in den Wald hinter der Mühle zu krabbeln. Eine Panikattacke hatte mal wieder die nächste gejagt. »Das geht nicht, Dieter«, sagte sie ruhig. »Das kleine Kind, das du gerade bist, kriegt doch Angst, wenn es sich zu weit von der Gruppe entfernt. Bleib lieber hier in der Nähe, bleib bei uns.«

Ihre Worte trafen mich – und mein verängstigtes inneres Kind – tief. So tief, dass ich direkt wieder anfange zu weinen, während ich diese Sätze aufschreibe.

Woher kam meine bodenlose Angst?

Eines Nachts in der Mühle träumte ich von einem ehemaligen Deutschlehrer auf dem Gymnasium – einem Professor Doktor Doktor, der parallel auch an der Uni lehrte. Ich habe ihm eigentlich immer ganz interessiert zugehört. Doch er konnte mich nicht leiden. Er kommentierte meine Texte stets mit dem Satz: »Dieter, du hast so eine Sauklaue, es ist eine Zumutung, deine Aufsätze lesen zu müssen.« Seine abschätzige Haltung mir gegenüber schien unantastbar, jeder Kritik enthoben. Keiner stellte seine Autorität infrage. Jedenfalls erschien mir nach Jahrzehnten plötzlich ausgerechnet dieser Lehrer im Traum, der mich als Jugendlichen so oft runtergemacht hatte. Aber dann geschah etwas sehr Denkwürdiges: Der Lehrer verlor im Traum auf einmal sein Gesicht; es fiel von ihm ab wie eine Maske – und dahinter kam mein Vater zum Vorschein.

Am nächsten Morgen sprach ich mit den Therapeuten darüber. Mir fiel auf: Der Lehrer war gar nicht mein Problem, ich hatte auch damals eigentlich nichts gegen ihn gehabt, auch, wenn er sich unprofessionell verhalten hatte.

Wer mich als Kind aber wirklich in meinen Grundfesten erschüttert und bedroht hatte, war mein Vater. Ständig gab er mir zu verstehen, für wie unfähig er mich hielt. »Du bist sogar zu doof zum Scheißen.« Das war einer der Sätze, die ich oft zu hören bekam. Der üblen Mischung aus Leistungsdruck und Liebesentzug, die mein Vater sehr gut beherrschte, versuchte ich mich so gut es ging zu entziehen. Auch, indem ich viel Zeit mit meinen Freunden verbrachte. Doch scheinbar war trotzdem einiges von dem Gift in mich eingesickert.

Auch solche Erkenntnisse waren Teil meiner Heilung.

In den folgenden Tagen und Wochen kam ich mithilfe der therapeutischen Gemeinschaft wieder auf die Füße. Dieser Ort hat mir meine Seele, mein Vertrauen zu mir selbst, meinen Atem zurückgegeben! Ich verstand: Die Menschen um uns herum sind das Wichtigste im Leben. Begegnungen, Kommunikation, der Austausch, aber auch einfach der Körperkontakt – alles überlebenswichtig für jeden von uns.

24 Stunden am Tag und in der Nacht waren in dieser Einrichtung Menschen da, die mich umarmten, wenn ich mich danach sehnte. Wenn ich Angstzustände bekam, schmiss sich jemand auf mich und hielt mich ganz fest. Nach knapp zwei Wochen konnte ich mich tatsächlich langsam wieder wie ein erwachsener Homo sapiens bewegen – auf zwei Beinen! Ich musste das wirklich neu lernen, das weiß ich noch

ganz genau. Am Anfang stolperte ich wie ein tapsiges Kleinkind durch die Gegend, schaffte es kaum, Treppen zu stei-
gen. Doch von Stunde zu Stunde, von Tag zu Tag ging es mir
besser. Ich konnte (im wahrsten Sinne des Wortes) aufrecht
und gestärkt in mein Leben als Vater und als Lehrer zurückkehren.

Wieder im Schulalltag angekommen, sah ich die Welt plötzlich mit anderen Augen. Erstaunt beobachtete ich Dinge, die
ich vorher nie bewusst wahrgenommen hatte: Zum Beispiel
fiel mir auf, dass viele Kolleginnen, die morgens ins Lehrerzimmer kamen, sich erst mal gegenseitig umarmten. Wow,
dachte ich. Die sind wohl um einiges schlauer als ich. Ich
begann, es ihnen nachzumachen, umarmte ab jetzt jeden
Morgen meinen Lieblingskollegen Önder und wünschte
allen, die ich traf, lächelnd einen guten Schultag. Wie gut das
tat!

Auch meine Rolle als junger Vater konnte ich nun endlich
genießen. Fast zwei Jahrzehnte später, mit 60 Jahren, bin ich
zum dritten Mal Vater geworden. Zum Glück kam die Scheiß-
depression bis heute nicht zurück und konnte sich nicht
mehr zwischen mich und meine Kinder stellen. Nach dieser
dunklen Episode habe ich nie mehr vergessen, was es für ein
Glück ist, überhaupt Liebe fühlen zu können. Ich liebe meine
Kinder – und ich liebe auch meine Schüler!

So schlimm diese Erfahrung damals auch war, ich glaube,
dass die Depression mich zu einem besseren Lehrer gemacht
hat. Während der Zeit meiner Krankheit war ich zu einem
erschrockenen Kind geworden, abhängig von anderen Menschen, von deren Zuwendung und Hilfsbereitschaft. Einige

reagierten auf meine Depression nur mit sinnlosen Ratschlägen wie »Stell dich nicht so an« oder »Reiß dich mal zusammen«, aber das war nicht die Mehrheit. Ich fand nicht nur in der Therapie, sondern auch im Familien- und Freundeskreis etliche, die sich um mich sorgten, mich seelisch nährten und gut auf mich aufpassten.

Diese Wärme machte mich unendlich dankbar – und ich konnte sie von nun an auch ganz bewusst annehmen und weitergeben.

Denn in der Schule begegneten mir in den kommenden Jahren immer wieder Kinder und Jugendliche, die auch schlecht »genährt« waren. Entweder im wörtlichen oder übertragenen Sinne. Einige kamen regelmäßig mit knurrendem Magen in die Schule. Andere lebten in einem familiären Umfeld, in dem es zu wenig Aufmerksamkeit und Liebe für sie gab. Das hat mich jedes Mal sehr berührt. Ich wusste, dass erst diese Bedürfnisse der Kinder erfüllt und gesehen werden müssen, bevor wir überhaupt ans Lernen denken können.

Manchmal saß ich auf unserem selbst gebastelten Sofa im Klassenzimmer – und wer wollte, setzte sich dazu. Man soll als Lehrer ja eigentlich keinen Körperkontakt zu seinen Schülern haben, aber bei manchen der Kinder war das Bedürfnis nach menschlicher Nähe sehr groß. Das konnte und wollte ich nicht ignorieren. Das Sofa war sozusagen unsere Tankstelle, jeder durfte jederzeit dort sitzen oder liegen und auftanken. An andere Menschen andocken. Oft saßen drei, vier Schüler eng gedrängt auf dem Sofa, ich auf einem Stuhl daneben, meistens hatte ich die Gitarre in der Hand. Rudeltanken nannte ich das. Dann wurde auch mal ein bisschen rumgebalgt oder Armdrücken gespielt. Hauptsache, sie spürten sich gegenseitig. Ich hatte den Eindruck, dass die Probleme mit Aggressivität dadurch deutlich zurückgingen.

Jedenfalls bin ich durch die Depression, die mich vor 23 Jahren wie ein Tornado durchgeschüttelt hat, mit meiner verletzlichen Seite in Berührung gekommen. Das hat mich empathischer und väterlicher werden lassen. Ich habe buchstäblich am eigenen Leib erfahren, welch unglaublich positiven Einfluss Menschen auf die Genesung und Entwicklung anderer haben können. Dafür bin ich bis heute dankbar – und hoffe, dass ich in meiner Rolle als Lehrer dem einen oder anderen Schüler ebenfalls ein guter Wegbegleiter war.

21

DAS SUMMENDE KLASSENZIMMER ODER DIE LIEBE ZU UNSEREM BLAUEN PLANETEN

An den Wänden meiner Klassenzimmer durfte ein Bild nie fehlen: eine Satellitenaufnahme unseres Planeten Erde. Immer wieder blieb ich davor stehen: »Kinder, das ist unser Paradies!« Meine Begeisterung war nicht aufgesetzt. Ich betrachte solche Weltraumaufnahmen mit einer Mischung aus Ehrfurcht und Dankbarkeit: beeindruckend, dieses blaue Wunder voller Leben! Hier sind tatsächlich Kohlenstoffwesen entstanden, die selbstständig denken, handeln und fühlen können.

Evolution kann man als ein einzigartiges Lernen bezeichnen. Eine Mischung aus Genetik, die sich im Laufe von Millionen von Jahren angepasst hat, und individuellem Lernen, das jedes intelligente Lebewesen bewerkstelligen muss. Für den Homo sapiens wurde so eine lange Kindheit und eine immer länger werdende Jugend angelegt. Das hat auch damit zu tun, dass die Anforderungen unserer technologisierten und arbeitsteiligen Gesellschaft immer komplexer werden und sich rasend schnell verändern. Wir müssen unser ganzes individuelles Leben lang weiterlernen – kommunikativ, emotional, kognitiv. Schulen und Universitäten kommen nicht umhin, diesen Rahmenbedingungen Rechnung zu tragen. Nicht zuletzt, um unseren Planeten vor dem Untergang zu retten. Nur wir, die wir die Klimakatastrophe verursacht haben, können durch nachhaltiges Wirtschaften und die Erschließung neuer Energieressourcen die Kehrtwende einläuten.

Dazu brauchen wir all unsere individuelle und soziale Kreativität. Nicht nur Intelligenz ist gefragt, sondern auch Empathie und Sozialverhalten. Wir müssen noch sensibler werden gegenüber der Zerstörung und Vermüllung der Natur. Am liebsten würde ich dafür sofort ein Fach in der Schule einrichten. Man könnte es »Umgang mit der Umwelt« nennen. Wichtig wäre: Dieses Fach müsste vor allem praktisch angelegt sein und ein nachhaltiges Leben für jedes Kind erfahrbar machen. Naturschutz kann man nicht gut in geschlossenen Räumen lernen.

Gemeinsam draußen unterwegs sein, das habe ich deshalb immer wieder zur Maxime meines Unterrichts gemacht. Wenn es irgendwie ging, fuhren wir zweimal pro Schuljahr auf Klassenfahrt. Diese Reisen führten uns in wunderschöne Landschaften in der näheren Umgebung, ins Mittelgebirge in die Rhön oder ins Weinbaugebiet in Südhessen beispielsweise. Wir haben dort Pferdehöfe kennengelernt, Bauerngehöfte – und einmal haben wir sogar im Herbst bei der Weinernte mitgeholfen. Für viele meiner Schülerinnen und Schüler, die teils noch nie Urlaub gemacht hatten, geschweige denn das weitere Umland ihres Heimatortes kannten, waren das einschneidende Erlebnisse, von denen sie Jahre später noch sprachen.

Aber auch während einer ganz normalen Unterrichtswoche suchten wir immer wieder den Kontakt zur Natur. Von unserer konzertierten Müllentsorgungsaktion neben der Streuobstwiese und den vokabellernenden Freundinnen im Apfelbaum habe ich ja schon erzählt. Über die Jahre wurde die Streuobstwiese unser Outdoor-Klassenzimmer – und vor allem unser bestes Heilmittel gegen Langeweile und Lernfrust.

Ich kann die Tage und Stunden nicht zählen, an denen wir, nur mit ein paar Decken unter den Armen, rüber zur Wiese mit ihren knorrigen Obstbäumen liefen. Das Grundstück gehörte der Diözese Fulda, und wir durften es benutzen. Es wurde unser zweites Zuhause: Zwischen den herrlichen alten Bäumen wuchsen wunderschöne, blühende Büsche, und auch die bienenfreundliche Wiese betörte uns zu jeder Jahreszeit mit ihren Gräsern und Blumen. Zum Glück wurde sie nur sehr selten gemäht. Wenn das Gras allzu hoch stand, brachte ich einfach meine Sense mit, und wir schnitten uns ein Stück frei.

Im Schatten der Bäume machten wir dann Unterricht.

Was daran so anders war als in einem Klassenraum?

Alles!

Wir nahmen die Bienen wahr, wir hörten das Zwitschern der Vögel, den Wind in den Blättern, und hin und wieder schallten Kinderstimmen aus einem benachbarten Kindergarten zu uns herüber. Wenn uns das aufrechte Sitzen zu mühsam wurde, konnten wir uns an die Stämme der Bäume anlehnen. Wenn wir Bewegungsdrang verspürten, konnten wir an den Ästen herumschwingen oder in die Baumkronen klettern. Und wenn uns im Herbst die Äpfel von den Bäumen anlachten, konnten wir direkt hineinbeißen.

Die uns umgebende Welt inspirierte uns. Die Schüler fühlten sich auf der Streuobstwiese zugleich frei und geborgen. Das wiederum machte sie ausgeglichen und lernwillig.

Einmal, diese Szene werde ich nie vergessen, schwang sich Nayla, ein eher schüchternes kurdisches Mädchen, ganz hoch auf einen Baum. Es war nicht ganz leicht für mich als Verantwortlichen, ihr dabei ohne Angst zuzusehen. Doch Nayla war geschickt. Oben angekommen, schaute sie stolz zu uns herunter, erhob spontan ihre Stimme – und begann laut den *Zauberlehrling* zu deklarieren.

Manchmal kam sie ins Stocken, die nächste Zeile fiel ihr nicht gleich ein. Da fingen zwei ihrer Freundinnen an, ihr von unten zu soufflieren. Soufflieren ...! Ich erklärte den Kindern anschließend erstmal dieses tolle Wort. Jedenfalls wurde es uns nie langweilig.

Nicht jede Schule hat eine Streuobstwiese nebenan. Nicht jede Lehrerin kann oder darf ihren Unterricht regelmäßig ins Freie verlegen. Trotzdem sollte es so viele sinnliche Berührungspunkte wie möglich zwischen Umwelt und Schule geben, finde ich. Wir können es uns nicht leisten, Schule als einen außerhalb der Gesellschaft liegenden Sandkasten zu betrachten, in dem in erster Linie kognitive Fähigkeiten gefördert werden. Die Schule muss ein Ort der umfassenden Persönlichkeitsbildung sein. Dazu gehört auch, dass wir uns intensiv Gedanken darüber machen, wie wir – Schüler, Lehrer, Eltern – unsere verkümmerte Beziehung zur Natur wiederbeleben können.

Möglichkeiten gibt es viele. So haben wir an der Richts-berg-Schule, an der ich in den 1990ern unterrichtet habe, sogar ein »Schulwaldheim« gegründet. Zu diesem Zweck wurde ein altes Forsthaus monatelang mit vielen Eltern und Lehrerinnen und Lehrern umgebaut, um einen Ort zu schaf-fen, an dem Kinder tage- und wochenweise intensive Erfah-rungen machen können, etwa bei der Beobachtung von Wild-tieren oder beim Bau von Schutzhütten. Das Forstgebäude lag idyllisch mitten im Wald, ein idealer Ort, um tief in die Natur einzutauchen, sie besser kennen- und lieben zu ler-nen. Diese emotionale Seite war für mich immer das Aller-wichtigste!

Wir, die Erwachsenen, haben die schwere Aufgabe, den Nachwuchs von den digitalen Geräten und Bildschirmen wegzubringen – um mit ihnen wieder durch Wälder zu lau-fen oder in Gärten zu arbeiten. Und statt mit ihnen weite Flugreisen zu machen, sollten wir ihnen zeigen, dass sie spielend ihre nähere Umgebung zu Fuß oder mit dem Fahr-rad erkunden können. Wir müssen ihnen die Augen öffnen für die Schönheit der Wälder und Gewässer, die uns unmit-telbar umgeben. Wir müssen bei ihnen ein Gefühl für die Natur entfachen. Erst dann können wir mit ihnen darüber reden, was zum Schutz der Umwelt im Kleinen wie im Gro-ßen nötig ist.

Meine beiden älteren Kinder haben in Marburg lange die Waldorfschule besucht, und auch, wenn ich mit Teilen der Waldorfpädagogik meine Schwierigkeiten habe, war ich doch immer sehr beeindruckt, was dort alles stattfand. Staatliche Schulen könnten sich davon das ein oder andere zum Vorbild nehmen. Beispielsweise gab es an der Schule meiner Kinder riesige Gewächshäuser, in denen Gemüse angebaut wurde. Die Schüler machten auch regelmäßig Praktika auf biodynamischen Bauernhöfen. Ein sparsamer Umgang mit Ressourcen wie Wasser oder Energie war selbstverständlich – und was man mit seinen eigenen Händen erntete, das wurde anschließend verzehrt oder in Gläsern eingeweckt. Nicht anders hat es meine Oma früher auch gemacht.

Wer solche Ideen an seine Schule trägt, der sollte aber auch realistisch bleiben und sich von punktuellen Misserfolgen nicht entmutigen lassen. Nicht alles zündet. Wie eine Initiative, die ein Windrad und Gewächshäuser auf dem Schulgelände bauen wollte. Wir hatten uns das von einer anderen Schule abgeschaut und hielten es für eine tolle Idee. Doch das Projekt entpuppte sich als schwierig. Und als alles gebaut war, wurde es kaum genutzt. Vielleicht kam die Idee einfach zu früh ...

Trotzdem müssen wir die Schulen als Lebensorte in diese Richtung hin verändern. Sie brauchen Werkstätten, kleine Äcker und Gewächshäuser, sodass Kinder die Chance haben, eine Beziehung zu den Dingen aufzubauen, die sie umgeben – seien es Lebensmittel, Kleidung oder andere Konsumgegenstände. Manche Schüler an meiner Schule kannten Kühe nur von dem Bild auf der Milchpackung. Sie wussten auch nicht, wo die Millionen Liter Milch herkommen, die wir alle jährlich trinken. Diese Unwissenheit können wir uns in Zukunft nicht mehr leisten.

Nach diesen ernsten und theoretischen Überlegungen muss ich jetzt unbedingt noch die kleine lustige Geschichte mit Thomas und den Fliegen erzählen. Thomas war ein Sonder-

pädagoge, der von seiner Förderschule an unsere Gesamtschule für die inklusiv beschulten Schüler entsandt worden
war. Die Zusammenarbeit mit ihm war in vielerlei Hinsicht
eine Offenbarung für mich, ein großer Glücksfall! Da ich
immer einige Inklusionskinder in meinen Klassen hatte,
konnten wir viele Stunden in doppelter Besetzung unterrichten. So wurden wir zuerst ein gutes pädagogisches Ge-
spann und schließlich Freunde – besser kann es gar nicht
laufen.

Ein heißer Sommertag kurz vor den großen Ferien: Im
Klassenzimmer war es unerträglich warm und stickig, also
mussten wir notgedrungen alle Fenster öffnen, um überhaupt einen kleinen Luftzug hereinzulassen. Es war schon
früher Nachmittag und die Konzentration nicht mehr die
allerbeste. Trotzdem sollten die Schülerinnen und Schüler in
Ruhe ihre Hausaufgaben machen. Aber durch die offenen
Fenster hatten etliche schwarze Stubenfliegen den Weg ins
Klassenzimmer gefunden – die waren nun emsig dabei, uns
bei den Aufgaben zu stören. Sie krabbelten über die Hefte,
saßen an den Wänden, umschwirrten die Köpfe.

Bsss. Bsss. Bsss. Es nervte!

Schnell fingen die Schüler an, sich aus Fotopappen Fliegenklatschen zu basteln. Ich tat es ihnen nach, wir wollten
uns einfach nur dieser Plage entledigen. »Die machen wir
platt!« »Die killen wir!« »Ich hasse die!« So tönte es durch
den Raum.

Doch während wir alle noch hektisch an unseren selbst
gebauten Fliegenklatschen herumschnitten und -knickten,
lief mein Kollege Thomas seelenruhig durchs Klassenzimmer – und fing eine Fliege nach der anderen mit einer Hand.

Schnapp! Schnapp! Er machte dabei eine sehr geschickte Bewegung, von unten nach oben, die Fluchtbewegung der Fliegen antizipierend. Er schnitt ihnen quasi den Weg ab. Im Inneren seiner rechten Faust hielt er sie vorsichtig, um sie dann, die Hand aus dem Fenster haltend, in die Freiheit zu entlassen.

Er tat buchstäblich keiner Fliege etwas zu leide. Wir staunten alle mit offenem Mund.

»Was machen Sie denn da?«, fragten die Schüler. »Warum schlagen Sie die nicht einfach tot?«

»Das sind doch auch Lebewesen«, antwortete Thomas ruhig.

Mit diesen Worten streckte er wieder die Hand aus und, zack, hatte er die nächste Fliege gefangen. Es war unglaublich, wie geschickt er war. Wo hatte er das bloß gelernt? Und wie oft musste er das geübt haben, um es in dieser Perfektion zu beherrschen?

Längst hatten die Kinder ihre Hausaufgaben und Fliegenklatschen zur Seite gelegt und umringten Thomas neugierig.

»Die nerven mich zwar«, führte er weiter aus, »ich möchte die auch weder im Klassenzimmer noch nachts in meinem Schlafzimmer haben. So eine Fliege kann einem wirklich den Schlaf rauben. Aber deswegen muss ich sie doch nicht totschlagen.«

Schnapp. Wieder eine erwischt.

Es war faszinierend ihm zuzuschauen, auch wenn manche der Schüler sich über den Fliegenpazifismus ihres Lehrers erst mal lustig machten. Doch zugleich krochen erste kleine Zweifel durch die Köpfe der Kinder, ich konnte es an ihren Gesichtsausdrücken sehen: Vielleicht haben wir es mit unseren sommerlichen Serienmorden, mit all den toten Ameisen, Fliegen, Mücken, ja wirklich manchmal übertrieben?!

Eigentlich waren wir eine recht insektenfreundliche Klasse. Schon oft hatten wir gemeinsam Schmetterlinge gerettet, die sich in die Innenräume der Schule verirrt hatten und nun hilflos gegen die Scheiben flogen. Wir nutzten ein Glas und waren dabei ganz vorsichtig. Aber auf diese ekligen schwarz-grünen Fliegen, die jeden Hundehaufen umgarnten, hatte sich unsere Liebe bisher nicht erstreckt.

Doch irgendwas hatte Thomas bei uns angestoßen: Etliche Kinder in der Klasse übernahmen seine Methode des Fliegenfangens. Dabei war natürlich auch sportlicher Ehrgeiz im Spiel. Mit einer Hand, das war wirklich schwer und klappte zunächst überhaupt nicht. Am schnellsten hatte ein bulgarischer Schüler den Dreh raus. Nach und nach bekamen auch wir anderen mehr Fingerspitzengefühl.

Und tatsächlich, Thomas hatte recht! Es war ein gutes Gefühl, die Fliegen aus dem Fenster fliegen zu lassen. Bisher hatten wir gedankenlos nach ihnen geschlagen. Nun hatten wir eine neue Herangehensweise ausprobiert – und sie gefiel uns.

Ich weiß nicht, wie meine Schüler das heute als Erwachsene handhaben, aber ich fange Fliegen immer noch mit einer Hand und entlasse sie in die Freiheit. Ein kleiner Moment im Klassenzimmer hat zu einer lebenslangen Verhaltensveränderung geführt.

22

EIN HERRLICHER ALBTRAUM

Eine handgeschriebene Geschichte habe ich gerade noch auf meinem Schreibtisch gefunden, unter tausend alten Rechnungen. Nachdem ich sie durchgelesen habe, fand ich, dass sie ganz gut in dieses Buch passen könnte. Ich schreibe oft meine Gedanken und Träume auf, nur für mich. Das hilft mir auch, in schwierigen Phasen meine Selbstheilungskräfte und meinen Optimismus zu stärken. Ich möchte offen bleiben für andere, Freude empfinden können, mich immer wieder für Neues begeistern.

Das ist für mich privat wichtig, das war aber auch wichtig für mich als Lehrer.

Einem Menschen, der selbst nicht mehr aktiv am Leben teilnimmt, dessen Interesse an der Welt erloschen ist und der resigniert auf alles schaut, dem fehlen alle wichtigen Voraussetzungen dafür, ein guter Pädagoge zu sein. Denn wie soll er, der innerlich kalt ist, ein Feuer in anderen entfachen? Wie soll er es schaffen, dass Schüler selbstbewusst ihre Potenziale entdecken und neugierig in ihr eigenes Leben aufbrechen?

Ich sortiere die Zettel, während mein kleiner Kater auf meinem Schreibtisch umherläuft und versucht, aus meinem

Kaffeebecher zu trinken. Was war das nun für ein Traum? Ein ziemlich eigenwilliger:

Das Schulgebäude, in dem ich sehr lange unterrichtet habe, soll demnächst tatsächlich abgerissen und durch einen Neubau ersetzt werden. Da muss ich natürlich vorher mein altes Klassenzimmer noch ein letztes Mal besuchen und Abschied nehmen. Der Weg durch die leeren Schulflure ist derselbe wie immer, auch die Klassenzimmertür sieht unverändert aus. Doch als ich den Raum mit seinen fünf Tisch- und Stuhlreihen betrete, finde ich mich plötzlich in einem merkwürdigen Szenario wieder.

Da sind ja Schüler!

Vor mir sitzen, in stiller Erwartung, wie mir scheint, etwa zwei Dutzend eigenartige Gestalten. Anders kann ich sie nicht bezeichnen. Es sind männliche Wesen, keine Frage. Sie haben die schlaksigen Körper von etwa zwölfjährigen Jungen, aber was ist mit ihren Gesichtern los ...? Köpfe und Gesichtszüge sind eindeutig erwachsen, wie von alten Männern. Ich bin völlig verwirrt.

Ziemlich verlegen setze ich mich ans Lehrerpult. Ich weiß weder, was das hier für eine Klasse ist, noch habe ich mich auf den Unterricht vorbereitet. Also versuche ich Zeit zu gewinnen und lasse meinen Blick langsam über die Gesichter schweifen. Sie sehen eigentlich alle ganz freundlich aus, scheinen sogar zu lächeln.

Oh Gott, jetzt erkenne ich sie wieder!

Vor mir sitzen meine ehemaligen Lehrer aus meiner Volksschul- und frühen Gymnasialzeit. Mit jungen Körpern, aber mit ihren wohlvertrauten verknitterten alten Männergesichtern. Unverkennbar!

Ganz vorne: Lehrer Glocke, der pro Monat mindestens einen Zeigestock an uns in Fetzen geschlagen hat. Dahinter: Oberstu-

dienrat Dr. Dr. Selzer, der während des Unterrichts meistens Zeitung las und losschrie, wenn er sich durch unser aufbrandendes Gemurmel gestört fühlte. Da konnte er richtig böse werden.

Neben ihm: Musiklehrer Weihnhaus. Definitiv nicht verwandt mit Amy Winehouse, so grandios war er nicht. Herr Weihnhaus betrat den Schulmusiksaal stets wie ein Pianist zu Beginn eines Konzerts. Starrte uns minutenlang vorwurfsvoll an, bis endlich absolute Ruhe im Saal herrschte. Dann setzte er sich wortlos an den alten Flügel und spielte seine Sonaten. Den Unterricht betrachtete er wohl als eine Art Übungsstunde für sich, schließlich musste er seine Radioauftritte vorbereiten, von denen er uns bei jeder Gelegenheit stolz erzählte. Seine Vorspiele waren gähnend langweilig. Wenn einer von uns hustete (was wir manchmal durchaus absichtlich taten), schlug er sofort krachend den alten Flügel zu, brüllte herum und ließ uns für den Rest der Stunde quälend sinnlos irgendwelche Noten abschreiben.

Hinter Herrn Weihnhaus entdecke ich, mit dem üblichen leidenden Gesichtsausdruck, Repetent Konsolski! Das war unser katholischer Religionslehrer, der zur Priesterweihe wohl nicht zugelassen worden war. Er wollte uns nicht erzählen, warum. Obwohl wir ihn immer wieder löcherten. Uns war ja klar, was das Wort »Repetent« bedeutet. Er war eigentlich ein ganz netter Typ, aber interessierte sich überhaupt nicht für uns. Wir waren für ihn schlicht nicht vorhanden. Teilweise bemerkte er es nicht mal, wenn während seines Unterrichts die Hälfte von uns »Knaben« aus dem Fenster sprang, um draußen zu kicken.

Neben Repetent Konsolski sitzt der Netro. Er war Studienassessor, eine Art angestellter Hilfslehrer, und das mit über 60. Woran das lag, wussten wir natürlich: Während der Nazizeit war Netro Schulleiter an unserem Gymnasium gewesen. Danach war er offensichtlich »entnazifiziert« und degradiert worden. Das hielt ihn nicht davon ab, lauthals davon zu schwärmen, wie toll der Krieg gewesen war.

Wow. Was für eine Horror-Truppe.

Ich schaue mich um, erkenne noch einige weitere Gesichter, andere haben dagegen nur verschwommene Züge. Leider fehlt, soweit ich das sehe, mein Lieblings-Sportlehrer von damals. Auch er war im Krieg gewesen – und mit einem stattlichen Holzbein zurückgekommen. Das hinderte ihn nicht daran, von morgens bis abends auf den Beinen zu sein. Am liebsten spielte er Fußball. Dazu stellte er zehn von uns kleinen Jungen ins Tor. Dann legte er sich den Ball auf den Elfmeterpunkt, ging einige Schritte zurück und nahm Anlauf. Klick-klack-klick-klack, so klang das auf dem Boden der Turnhalle. Mit voller Wucht bolzte er den Ball in Richtung Tor. Volle Kanne drauf. Mit dem Holzbein natürlich. Wir, die zehn kleinen Torhüter, warfen uns sofort schreiend auf den Boden, um nicht in die Fluglinie des Balls zu geraten. Wenn unser Lehrer aus Versehen mal den Pfosten oder die Latte traf, was nicht oft vorkam, wackelte das ganze Holztor.

Wir nannten diesen Lehrer Helmut, wie den Essener National-spieler Helmut Rahn, der durch seine gnadenlosen Kicks zum Weltmeisterschützen von Bern 1954 wurde. Unser Sportlehrer mochte es sehr, wie wir ihn vor dem Torschuss im Chor anfeuerten. »Helmut! Helmut!« Und wenn trotz unserer Deckung mal einer von uns leicht getroffen wurde, spielte derjenige sofort theatralisch den Schwerverletzten. Was tat Helmut? Er nahm den Angeschossenen auf seine Arme und trug ihn vom Spielfeld. Helmut hatte Armmuskeln, so dick wie andere Beinmuskeln. Er war unglaublich stark, er hätte auch zwei oder drei von uns schleppen können. Wir haben ihn wirklich bewundert und für seine Späße geliebt. Und wenn wir im Sportunterricht in der Volksschule Tauziehen übten, trat er alleine gegen die ganze Klasse an und zog uns regelmäßig lachend über den Platz. Ein herrlicher Typ!

Eigentlich ist er der Einzige, den ich gerne wiedertreffen würde, denke ich im Traum. Aber was soll ich mit dem ganzen üblen Rest hier anfangen?

Noch immer schaut mich die komische Klasse aus alt-jungen Männern erwartungsvoll an. Ich verstehe: Das ist eine Herausforderung, die ich meistern muss. All mein pädagogisches Geschick ist gefragt. Vor Nervosität fange ich an zu schwitzen. Außerdem steigt die Wut in mir hoch. Was haben mir diese Lehrer damals alles angetan! Am liebsten würde ich mich nun an dem einen oder anderen von ihnen rächen.

Aber dann blicke ich wieder in ihre alten, müden Augen, die immer noch freundlich auf mich gerichtet sind. Mein Hass verfliegt.

Also, was tun? Ehe ich mich versehe, verteile ich stapelweise buntes Papier, das zufällig neben mir auf dem Lehrerpult liegt. Hat wohl schon jemand dort hingelegt für mich. Ich erteile den Arbeitsauftrag für die heutige Stunde:

»Es geht los, wir basteln Papierflieger, Jungs!«

Die Klasse schaut jetzt ein bisschen unsicher drein – aber schließlich lässt sie sich doch anstecken. Ohne Murren und hochkonzentriert werden in der nächsten halben Stunde die herrlichsten Papierflieger gefaltet. Schüchtern kommen die Jungs damit an mein Pult. Ganz höflich fragen sie mich, ob sie die Dinger denn jetzt auch mal im Klassenzimmer ausprobieren dürfen.

Ich bin völlig begeistert: Meine alten Lehrer, diese autoritären Säcke, stehen hier vor mir und fragen mich um Erlaubnis.

»Natürlich!«, rufe ich. »Lasst die Dinger fliegen!«

Wenige Minuten später erkenne ich die Gruppe nicht mehr wieder. Die stillen Wesen, die da stocksteif an ihren Tischen saßen, haben sich zu einer lebendigen, lachenden Schulklasse verquirlt. Ich staune nicht schlecht: Sind das wirklich diese alten, verstaubten Typen von damals? Das furchtbare Wachsfigurenkabinett meiner frühen Schulzeit? Was ich jetzt hier vor mir sehe, ist doch Lebensfreude pur.

Ich ertappe mich bei dem Gedanken: Das sind offenbar alles ganz nette Kerlchen. Was war nur passiert, dass das Leben sie zu solchen Scheusalen verformt hatte?

Als ich an diesem Morgen aus meinem Traum aufwachte, schmeckte mein Kaffee besonders gut. Noch tagelang lag ein Lächeln auf meinem Gesicht. Was hatte der Traum mir sagen wollen? Vielleicht, dass manche Kindheitswunden mittlerweile verheilt waren? Und dass es an der Zeit war, dem ein oder anderen pädagogisch unfähigen Erwachsenen, der mich in meiner Kindheit und Jugend gequält hatte, zu verzeihen. Vielleicht auch etwas über mein spätes Lehrer-Ich – ich hatte genug Selbstvertrauen in meine pädagogischen Fähigkeiten gewonnen, um selbst mit dieser Bande Furcht einflößender Gespenster gemeinsam Papierflieger zu basteln. Was Träume alles so bewirken können …

23

FRAU WIESE ODER
DIE MAGIE DES LOBES

Es muss so in der Vorweihnachtszeit gewesen sein, früher Dezember, wir saßen im Klassenraum, die Sonne ging schon fast wieder unter. Die Kinder waren über ihre Tische gebeugt: Portraits zeichnen, so lautete die Aufgabe. Zuvor hatten wir Fotos von allen Schülerinnen und Schülern gemacht und die wiederum auf DIN-A4 ausgedruckt. Das diente nun als Vorlage.

Das Zeichnen der Gesichtsproportionen erforderte volle Konzentration, es war recht still im Raum, nur ab und zu gluckste jemand lachend vor sich hin. Die fotorealistische Zeichnung drohte wohl gerade zur Gesichtskarikatur zu werden. Ansonsten aber passierte nicht viel ... bis, ja bis unsere Nachbarin Frau Wiese auf einmal zur Tür hereinschneite.

Von Frau Wiese habe ich schon kurz erzählt, sie wohnte direkt gegenüber dem Schulgebäude in einem mehrstöckigen Mietshaus. Wie immer kam sie nicht mit leeren Händen, sondern trug ein Blech Apfelstrudel herein. Noch warm! Wir stürzten uns darauf, als hätten wir alle seit Tagen nichts mehr gegessen. Frau Wiese ging derweil an den Tischen entlang und schaute neugierig, woran die Schülerinnen und Schüler gerade gearbeitet hatten. Während die meisten Kinder noch um mein Pult herumstanden und jeder versuchte, so viel Apfelstrudel wie möglich zu erwischen, begann unsere Nachbarin, die Portraits zu kommentieren. Wortreich bewunderte sie die Werke, sprach hier ein Detail an und da einen besonders gelungenen Strich:

»Toll, Sibel, wie du die Augen hingekriegt hast! Und Emre, wie gut du den Harun getroffen hast!«

Nach und nach rückten die Kinder vom Pult ab und auf Frau Wiese zu. Das war ja viel interessanter als Kuchen: Da verteilte jemand großzügig Lob! Darüber konnte man schon mal das Essen vergessen. Bald hatten sich etliche Kinder zu Frau Wiese gesellt und hielten ihr weitere Bilder unter die Nase, um mit ihr darüber ins Gespräch zu kommen.

Ich staunte, wie präzise die Kinder ihre eigenen Zeichenvorgänge erläuterten, was sie sich dabei gedacht hatten und wie zufrieden (oder noch nicht ganz zufrieden) sie mit dem vorläufigen Ergebnis waren. Der Apfelstrudel und ich wurden zu Zuschauern.

Ich möchte die Episode mit Frau Wiese trotzdem nicht als reines Loblied auf das Loben verstanden wissen. Sicher bewirkt ein direktes Lob (ähnlich wie sehr gute Noten) bei Schülern viel – es stärkt ihre Lernmotivation und ihr Lernselbstbewusstsein. Sie bekommen darüber hinaus eine Art Realitätskontrolle über ihre kognitiven, sozialen und kreativen Fähigkeiten. Und können so ihre Wirkungsmöglichkeiten und ihren Lernzuwachs überprüfen. Das Lob einer Pädagogin oder eines Pädagogen zeichnet sich im Gegensatz zu Noten (auf die wir im nächsten Kapitel noch kommen werden) durch Spontaneität und Emotionalität und ganz individuelle Zuwendung aus. Das Lob kommt direkt und unmittelbar – das macht es so wirksam. Es ist ein wichtiger Baustein im täglichen Unterrichtsgeschehen. Eine tolle Sache, die aber nur funktioniert, wenn die Schüler-Lehrer-Beziehung grundsätzlich stimmt.

Was ich damit meine? Das kann ich gut an einem Negativbeispiel erläutern:

Als ich in den 1950ern Erstklässler in Baden-Württemberg war, gehörte natürlich auch katholischer Religionsunterricht zu unseren Fächern. Unsere Religionslehrerin gab uns immer die gleiche Hausaufgabe auf: Szenen aus der Bibel malen. Ich konnte damit wenig anfangen, hatte keine Lust auf Hirten und Erzengel, aber mein Vater – ausgerechnet mein Vater – ging darin völlig auf. Eigentlich interessierte er sich nie für irgendetwas, was ich in der Schule tat, weder in den ersten Jahren noch später, als es Richtung Abitur ging. Er hatte auch keinerlei Antrieb, sich mit mir zu beschäftigen. Aber er zeichnete liebend gern.

Also nahm er mir regelmäßig die Religionshausaufgabe ab und fabrizierte die aufwendigsten Bibelbilder. Totaler Wahnsinn. Die Werke trug ich in die Schule und bekam jedes Mal eine 1+. Der Lehrerin muss völlig klar gewesen sein, dass dieses Bild niemals von einem Erstklässler stammen kann. Aber das schien beiden, meinem Vater und der Lehrerin, völlig egal zu sein. Hauptsache, die Aufgabe war erledigt worden.

Anders als meiner Oma ging es meinem Vater nicht um mich oder meine Lernmotivation. Wenn er meine Bildchen malte, durfte ich nicht mal mitmachen, nein, ich hatte still und geduldig zu warten, bis er fertig war. Meine Oma hätte mir den Stift selbst in die Hand gedrückt. Wenn mein Vater die elektrische Eisenbahn auspackte, die meine Eltern mir irgendwann unter den Tannenbaum gelegt hatten, dann, weil *er* damit spielen wollte. Ich war dabei eigentlich nur im Weg. Das war der Unterschied: Meine Oma wollte *mir* etwas beibringen und mich glücklich sehen. Ihm ging es um seinen eigenen Ehrgeiz. Auf meine Eins in Religion auf dem Zeugnis war er stolzer als ich.

Die Anerkennung meiner Religionslehrerin, die mir irgendwie schmeichelte, aber gleichzeitig unangemessen und unverdient vorkam, hat mich generell vorsichtig gegenüber dem Lob gemacht. Ich finde, Lob sollte nicht inflationär verteilt werden und niemals im Klassenzimmer oder zu Hause in der Familie im Vordergrund stehen, weil es falsche Anreize setzen kann.

Mein persönliches Ziel war es immer, dass ich in den Kindern Begeisterung für etwas wecke. Ähnlich wie ich mich für Musik, für Steine oder Pferde begeistern kann. Es ist wichtig, im Leben etwas zu finden, worauf man selbst unbändige Lust hat – unabhängig von den Reaktionen oder den Erwartungen der Außenwelt. Dazu musste ich es als Lehrer schaffen, die intrinsische Lernmotivation meiner Schülerinnen und Schüler zu stärken. Sie sollten neugierig und von echtem Erkenntnisinteresse getrieben an neue Aufgaben und Themen herangehen.

Zugleich ist für mich eine intrinsische Motivation völlig undenkbar ohne Teambefähigung, ohne soziale Kompetenz und Empathiefähigkeit. Das gehört alles eng zusammen. Zu-

viel Lob des Einzelnen ist da nicht hilfreich. Schlimmsten-
falls schaut jeder nur auf sich. Die Motivation bleibt extrin-
sisch, äußerlich, und auf die ständige Bestätigung eines
Erwachsenen ausgerichtet. Das birgt die Gefahr, dass man
kleine Opportunisten und Egoisten heranzieht. Und auch
wenn das Schulsystem seit meiner Kindheit einige Reformen
erlebt hat, kommt die Förderung der intrinsischen Motivation in Bildungseinrichtungen bis heute noch viel zu kurz.
Manchmal entsteht sie, aber eher als Neben- oder Zufalls-
produkt.

Noch mal zurück zu Frau Wiese und dem Portraitzeichnen.
Unsere Nachbarin war auch nach zwanzig Minuten noch im
Klassenzimmer, blieb am Ball, nahm sich alle Zeit der Welt.
Und – sie lobte nicht nur, sie machte auch konkrete Verbes-
serungsvorschläge. Die Kinder hatten damit kein Problem,
im Gegenteil, sie saugten die Anregungen förmlich auf. Das
Ganze nahm schließlich richtig Fahrt auf, unsere Kunstkri-
tikerin wurde nun sogar fotografiert. Anschließend sollte sie
mitzeichnen. »Hier, Frau Wiese, ich geb Ihnen ein Blatt und
einen Bleistift!«

Ich stand immer noch beobachtend an meinem Pult, lächelnd, satt und sehr zufrieden.

Frau Wiese, diese energisch-liebevolle ältere Dame, hatte
einfach mal meinen Unterricht übernommen, ungefragt, un-
bezahlt. Wahnsinn! Und sie hatte den Kindern dabei nicht
nur etwas übers Zeichnen beigebracht, sondern auch etwas
über konstruktive Feedbackkultur, wie man heute sagen
würde. Sie tat das einerseits intuitiv und andererseits sicher
sehr bewusst, denn ich sah, wie glücklich sie die Rolle als

Gastlehrerin machte. Offensichtlich ging sie völlig darin auf, mit den Kindern zusammen zu sein. Die Schüler fühlten etwas ganz ähnliches: Frau Wieses Gegenwart allein war für sie eine einzige Ermutigung.

Wir bräuchten mehr Frau Wieses. Nicht nur an Schulen, sondern überall im Land.

24

NOTEN, DIE HARTE
WÄHRUNG DER SCHULE

Vom Thema Lob ist es nicht weit zu den Noten. Über Sinn und Unsinn von Notengebung an staatlichen Schulen könnte man eigentlich ein eigenes Buch schreiben. Zwei, drei Sätze zunächst zur Geschichte: Das erste Zensursystem wurde 1530 in Sachsen eingeführt. Zweimal pro Jahr legten die Schüler damals in Gegenwart von Pfarrer und Bürgermeister eine Prüfung ab, die bewertet wurde. Ich vermute, es ging darum rauszukriegen, ob die Schüler ein bisschen was kapiert hatten vom Unterricht – oder doch meistens nur auf den engen Holzbänken geschlafen. Mitte des 19. Jahrhunderts wurden in Preußen drei Notenstufen üblich, die bald auf vier und schließlich auf fünf erweitert wurden. Das sechsstufige System gibt es in Deutschland seit 1938.

Ich gehe mal davon aus, dass jeder von uns einerseits gute, andererseits auch sehr schmerzliche Erfahrungen mit Noten gemacht hat. Oft sind benotete Abschlussprüfungen – oder auch nur die Androhung von schlechten Noten – für die Betroffenen mit viel Stress verbunden. Nicht ohne Grund: Noten entscheiden über Schulform und Schulabschlüsse, Noten ermöglichen bestimmte lukrative Berufe oder betonieren den gesellschaftlichen Abstieg. Wer gute Noten bekommt, dem öffnen sich gesellschaftliche Chancen. Schlechte Noten können ganze Lebenspläne zunichtemachen. Abgesehen davon sind Noten nicht immer fair: Jeder hat sich schon mal ungerecht bewertet gefühlt.

Dazu passt die folgende Geschichte, die ich als Oberstufenschüler erlebte: Es muss so in der 11. Klasse gewesen sein, ich saß neben meiner Freundin Kerstin, die wirklich gut aussah, Rollkragenpullover mit Wickelröcken trug, Sartre und Camus las, eine beeindruckend breite Allgemeinbildung besaß und sich sogar mit dem französischen Existenzialismus auskannte – kurz gesagt: eine sehr kluge junge Frau. Sie schrieb in den Deutscharbeiten nur Einsen und Zweien, was mich nicht wunderte. Ich war eigentlich auch immer ganz gut in Deutsch gewesen, aber seit wir einen neuen Lehrer hatten, stand ich solide auf einer Vier. Egal, wie sehr ich mich auch anstrengte.

Kerstin kam das irgendwann verdächtig vor, also beschlossen wir, unseren Lehrer auf die Probe zu stellen. War seine Notengebung wirklich gerecht? Bei der nächsten Deutscharbeit wollten wir das testen. Es lief immer gleich ab: Man schrieb zunächst das eigene Interpretationskonzept stichpunktartig auf, formulierte dann alles aus – und musste den Text zuletzt noch mal komplett in Reinschrift abschreiben, weil der Deutschlehrer keine Lust hatte, unsere hektischen Kritzeleien, Einfügungen und Durchstreichungen zu entziffern. Für die Reinschrift gab er uns immer noch eine Stunde extra Zeit.

Kerstin und ich arbeiteten jeder für sich, wie üblich. Doch

als es an die Reinschrift ging, tauschten wir schnell und heimlich unsere Blätter. Nun schrieb ich Kerstins Text in mein Klassenarbeitsheft, und sie kopierte meinen Text in ihr Heft.

Als wir zwei Wochen später die Arbeiten zurückbekamen, stand in ihrem Heft wie immer eine Zwei. In meinem eine Vier. Obwohl ich ihren genialen Text abgegeben hatte. Wow. Jetzt hatten wir den Typ erwischt! Jedenfalls dachten wir das. Aber nachdem wir die Sache öffentlich gemacht hatten und auch der Schulleiter sich einschaltete, geschah – nicht viel. Es gab ein bisschen Aufruhr in der Schule, manche stellten uns als Lügner und Betrüger hin, doch das, worauf wir wirklich gehofft hatten, verlief völlig im Sande.

Niemand stellte das Benotungssystem grundsätzlich infrage. Niemand wollte mit uns über Notenwillkür und die offensichtliche Voreingenommenheit von einigen Lehrern sprechen.

Heute ist die pädagogische Debatte da schon um einiges weiter. Man weiß: Noten sind nie restlos objektiv. Auch Lehrer sind nur Menschen. Trotzdem ist von einer Abschaffung der Noten an staatlichen Schulen überhaupt keine Rede, im Gegenteil. Und wer versucht, das System von innen heraus umzukrempeln, der wird nicht selten von den Kollegen belächelt: »Hast du zu viel Zeit, oder was?«

In den letzten Jahren hat die allgemeine Notengläubigkeit sogar eher wieder zugenommen. Alle und alles scheinen darauf fixiert zu sein – vor allem seit dem Pisaschock im Jahr 2000, der Deutschlands Schülern fast flächendeckend schlechte Lese- und Mathekenntnisse attestierte. So musste ich mit meinen Klassen in den letzten Jahren mehr und mehr sogenannte »leistungsgleich beurteilte Vergleichsarbeiten« in Mathe und Deutsch schreiben. Nicht nur wir schrieben die, sondern alle 130 Sechstklässler der Georg-Büchner-Schüler am gleichen Tag, unter den gleichen Voraussetzungen. Aus meiner Sicht fängt da schon die ungerechte Bewertung an, denn was sind denn »gleiche Voraussetzungen«? Jedes Kind ist anders, jede Klasse ist anders, jeder Lehrer ist anders.

Für meine Schüler waren diese Vergleichsarbeiten Teil eines anstrengenden Benotungsmarathons. Es galt unter vielen meiner Kollegen als Usus, dass man möglichst viele Klassenarbeiten pro Halbjahr schreiben sollte. Und zusätzlich noch Dutzende bewertete Lernkontrollen. Denn nur, wenn man am Ende des Schulhalbjahres möglichst viele Noten eingesammelt hätte, könnte man die Kinder auf dem Zeugnis ja gerecht bewerten, so die landläufige Meinung.

À la Sepp Herberger sozusagen: Nach der Klassenarbeit ist vor der Klassenarbeit, vor der Klassenarbeit ist nach der Klassenarbeit.

Aber wie soll man da noch sinnvollen Unterricht machen, wenn man immer nur den nächsten Test oder die nächste Arbeit vorbereitet? Ich hielt dagegen, so gut ich konnte: »Leute, macht mal langsam.« Ich sah keinen Sinn darin, den Kindern ständig für alles, was sie taten, Noten hinzuknallen. Davon wurden ihre Fähigkeiten in den einzelnen Fächern nicht besser. Oder, wie meine Oma zu sagen pflegte:

»Vom Wiegen wird die Sau nicht fett!«

Trotzdem lehne ich Noten nicht grundsätzlich ab. Das hört sich erst mal ein bisschen seltsam an. Gegen was und für was bin ich denn nun?

Ich bin gegen Noten, die Kinder, egal, welche sozialen Voraussetzungen oder welche individuellen Lebens- und Lernumstände sie mitbringen, gleich bewerten. Das ist ungefähr so sinnvoll, als würde man ein Springpferd und eine Springmaus über dieselbe Hürde hüpfen lassen. Es steht schon im Voraus fest, wem das gelingt und wer kläglich scheitert.

Der vermeintliche Gleichheitsgrundsatz, der dem sechsstufigen Notensystem mit seinen Punkten und Prozenten zugrunde liegt, ist nur auf dem Papier vorhanden. Die Lebensrealität der Schüler fängt man so nicht ein. Ich habe immer versucht, ob als Lehrer oder Vater oder einfach Mitbürger, jeden Menschen erst mal für sich zu sehen und wahrzunehmen. Und zwar da, wo er ist. Nicht da, wo ich ihn mir hinwünsche.

Eigentlich ist es ganz einfach: Noten sollten das Können einer bestimmten Schülerin oder eines bestimmten Schülers zu einem konkreten Zeitpunkt widerspiegeln. Zunächst muss ich als Lehrer also eine individuelle Leistungsbestandsaufnahme machen. Von dieser Grundlinie aus kann ich nun den Leistungsfortschritt bewerten. Es reicht, wenn das in angemessenen Zeitabständen geschieht, alle zwei oder drei Monate etwa. Wenn ein Schüler sich in diesem Zeitraum verweigert, nicht weiterkommt, Aufgaben nicht bearbeitet, dann kann, als kritische Momentaufnahme, auch eine schlechte Note hilfreich sein. Die Note macht für die Kinder ihren individuellen Lernfortschritt – oder auch mal den Lernrückschritt oder den Lernstillstand – sichtbar.

Meine Erfahrung ist: Genau diese Art Spiegel wünschen sich die Kinder.

Unabhängig von dem, was ein Lehrer ihnen mündlich

sagt, wollen sie es schwarz auf weiß sehen: Bin ich besser geworden? Wie viel besser? Und wenn ich mit meinem Fortschritt – und meiner Note – nicht zufrieden bin, dann zeig mir, wie ich mich steigern kann. Nur durch solche binnendifferenzierten »Realitätsnoten« entsteht ein ermutigender pädagogischer Raum. Diese Art der Notengebung ist in Förderschulen an der Tagesordnung, und ich habe sie im Zusammenhang mit inklusiv beschulten Schülern gut kennengelernt. Warum nicht auf alle Schulformen ausweiten? Es nützt keinem Kind, von einem fiktiven allgemeinen Niveau aus beurteilt zu werden, das für eine bestimmte Klassenstufe gilt. Im schlimmsten Falle entmutigt sie das für ihr ganzes Leben.

Die klassischen Schulnoten sind sowieso eher ein Lernhemmnis, weil sie sich am Aufzählen und Bewerten von Fehlern festmachen. Ich kann einem Schüler doch nicht sagen: Ich mag dich, du bist ein toller Typ, aber ich hau dir jetzt trotzdem zum dritten Mal in Folge eine glatte Sechs rein. Sieh zu, wie du das mit deinem Selbstwertgefühl ausmachst. Da ist doch klar, dass die Kinder denken, sie selbst seien der Fehler. Wie soll man aus einer solchen Beurteilung etwas Positives ziehen? Das widerspricht der Binsenweisheit, dass man aus Fehlern lernen sollte.

Ich habe die Sache mit den Noten für Klassenarbeiten daher anders geregelt. Wir schrieben beispielsweise eine Mathearbeit, die ich dann benotete und zurückgab. Wer mit seiner Note nicht zufrieden war, konnte eine Aufgabe, die er in der Arbeit nicht geschafft hatte, noch mal rechnen. Dazu setzten sich die Kinder neben mich ans Pult und erklärten mir Schritt für Schritt, wie sie vorgingen. Das wiederum hatten sie vorher eine Weile geübt, oft mit einer Mitschülerin, die gut in Mathe war. Wenn der betreffende Schüler mich überzeugen konnte, dass er die Aufgabe jetzt wirklich verstanden hatte und alleine rechnen konnte, gab ich ihm dafür einige Extrapunkte – und das wiederum verbesserte seine Note in der Klassenarbeit.

Das nachträgliche Lösen einer Aufgabe war aber nur eine von mehreren Möglichkeiten, sich zu verbessern. Wenn wir Mathearbeiten schrieben, galt die Devise: Wer beim Sitznachbarn abguckt, hat ein Problem. Aber jeder bekommt zwei Joker!

Zum einen gab es den Partnerjoker, der wie eine Art Spielkarte mit einer Büroklammer an die Klassenarbeit geheftet war. Wer nicht weiterkam bei einer Aufgabe, konnte den Joker abmachen und zu mir ans Pult kommen: »Herr Bachmann, ich möchte meinen Joker für Aufgabe 4 einlösen.« Der Schüler durfte nun mich oder einen Klassenkameraden gezielt um Hilfe bitten. Der, der aushalf, setzte sich neben den, der Hilfe brauchte, und erklärte. Allerdings nur mündlich. Die Zwischenschritte und die Lösung hinschreiben musste der Fragende selbst.

Der zweite Joker war ein Buch- oder Heft- oder Formelsammlungsjoker. Man konnte dort etwas nachgucken und bekam trotzdem die volle Punktzahl.

Mit dem Jokersystem habe ich mir keine Freunde unter den Kollegen gemacht – das gab tierisch Stress. Aber ich konnte mich damit durchsetzen, weil ich mit einem Erlass des hessischen Kultusministeriums argumentierte, den ich zu meinen Gunsten interpretierte. In diesem Text stand sinngemäß, dass man in einer Klassenarbeit das abfragt, was im Unterricht zuvor behandelt wurde. Den Kollegen sagte ich:

»Wir haben im Unterricht Partnerarbeit behandelt. Und das frage ich jetzt in der Klassenarbeit ab. Es beherrscht nicht jeder automatisch Partnerarbeit. Also ist es völlig legitim, dass ich diese Fertigkeit in der Klassenarbeit mit überprüfe, indem ich die Kinder eine Aufgabe in Partnerarbeit lösen lasse.« Einwände waren damit erst einmal abgeschmettert.

Abgesehen davon gab mir auch der Erfolg recht: Meine Klassen waren im Schnitt keineswegs schlechter in Deutsch oder Mathe als andere. Oft zeigten sich die Kolleginnen und Kollegen, wenn sie in der 8. Klasse übernahmen, sogar ziemlich beeindruckt vom Leistungsniveau, von der Disziplin, der Motivation und den sozialen Umgangsformen meiner Schülerinnen und Schüler. Es war also wohl nicht ganz verkehrt, was ich da trieb.

Trotz der Hilfestellungen, die dazu dienten, den Kindern die Angst vor dem Scheitern und vor schlechten Noten zu nehmen, gab es einzelne Fälle, in denen selbst die Joker nichts nützten. Einmal verteilte ich gerade die Zettel einer Mathearbeit, als plötzlich ein Mädchen, das ganz neu in unserer Klasse war, sich übergab. In hohem Bogen, einmal diagonal über die Tische. Ich musste anschließend einige Schüler nach Hause schicken, zum Umziehen. Damit war die Mathearbeit erst mal vorbei. Wir holten Lappen und Eimer, auch der Hausmeister half mit. Parallel tröstete ich das Mädchen, so gut es ging.

Diese Schülerin war nicht krank – sondern hatte eine ausgeprägte Schul- und Prüfungsangst. Sie wurde von ihrer Mutter abgeholt, mit der ich auch noch ein paar Worte sprach.

»Herr Bachmann, das hat sie seit der ersten Klasse Grundschule«, erzählte die Mutter. »Sie macht schon eine Weile eine Therapie, aber es hilft alles nichts.« Gekotzt im Klassenraum hatte sie bisher nicht, das musste mit der neuen Umgebung und der Anspannung zusammenhängen. Das Mädchen kannte die Klasse nicht, kannte mich als Lehrer nicht und konnte die Situation während einer Klassenarbeit nicht einschätzen.

Was tun? Ich erinnerte mich an meine eigenen Panikattacken während meiner Depression und hatte eine Idee:

»Pass auf, wenn wir die Mathearbeit nächste Woche nachholen, wirst du einfach vorne bei mir am Pult sitzen«, sagte ich zu ihr.

Sie guckte mich ungläubig an. Ich sprach weiter:

»Ich verspreche dir: Du bist aus der Benotung der Klassenarbeiten raus. Du setzt dich neben mich und schreibst mit, mit meiner Hilfe. Mehr nicht.« Ich erklärte ihr, dass ich ihr die Note in Mathe auch auf der Basis ihrer mündlichen Mitarbeit geben könne, die offiziell sowieso 50 Prozent ausmachte. »Und du bist gut, du stehst mündlich auf Zwei, also scheiß auf die Klassenarbeiten.«

Ein kleines Lächeln huschte über ihr Gesicht, und sie nickte.

Einige Wochen lang behielten wir das bei. Klassenarbeit – sie saß bei mir, eine Note gab es nicht. Doch eines Tages, als wieder eine Arbeit ins Haus stand, kam sie zu mir und meinte: »Herr Bachmann, ich schreib diesmal ganz normal mit.«

»Bist du dir sicher?«, fragte ich. Und fügte lachend an: »Wir wollen ungern noch mal gebadet werden.«

Sie schüttelte den Kopf, nein, es sei alles gut, sie habe keine Angst mehr. Tatsächlich lief die Arbeit ohne jeden Zwischenfall ab. Am Ende des Schuljahres stand sie in Mathe auf einer guten Zwei. Ihre Angst hatte sie komplett überwunden – nur weil im richtigen Moment der Druck von ihr genommen worden war.

Eine der wichtigsten Erkenntnisse meines Lebens lautet: Jeder ist immer und überall Pädagoge. Denn Pädagogik ist letztlich einfach eine Art, positiv und behutsam mit Menschen umzugehen – und mit sich selbst. Jeder darf mal sagen: Ich traue mich das nicht. Dann braucht es ein Gegenüber, das nicht gleich auf einem großen Schritt besteht, sondern ein Angebot der vielen kleinen Schritte macht. Das Problem ist: Kinder schämen sich manchmal, wenn sie nur die halbe Wegstrecke hinkriegen. Diese Scham müssen wir ihnen nehmen, als Eltern oder als Pädagogen. Du hast Angst vor dem tiefen See? Schwimm zwei, drei Züge am Rand, im flachen Wasser. Du wirst sehen: Langsam wächst dein Selbstvertrauen. Nach und nach wirst du dir den Uferbereich und schließlich den ganzen See erobern.

Kluge, differenzierte, behutsam verteilte Schulnoten können dabei helfen, das Selbstvertrauen zu stärken. Ich habe jedenfalls für mich einen guten Weg gefunden, wie ich die Kinder mit Noten fördern kann. Und: Ich drücke mich bewusst nicht um eine Bewertung herum. Denn zu meinen Aufgaben als ihr Lehrer und Leithengst gehört auch, dass ich ihnen ein realistisches Selbstbild vermittle. Anfangs fiel mir das schwer, wie beim »Nein«-Sagen bei der zweiten Tafel Schokolade. Nur zu gerne hätte ich sie alle mit Einsen und Zweien überhäuft. Aber was dann? Am Ende der sechsten Klasse eine unehrliche Gymnasialempfehlung? Wo das akademische Scheitern für etliche meiner Schüler vorprogrammiert gewesen wäre?

Es ist ein schwieriger Balanceakt: die Kinder nicht kleinhalten, sondern ständig und fortlaufend ermutigen, ihnen aber auch keine falschen Versprechungen machen oder Illusionen vorgaukeln. Es gab Schüler in meinen Klassen, die zwar sehr intelligent, dabei aber auch so hyperaktiv waren, dass es ihnen sogar schwerfiel, einen Hauptschulabschluss zu schaffen. Welchen Gefallen hätte ich ihnen getan, sie mit zu guten Noten in den Realschulzweig zu mogeln?

Im Film *Herr Bachmann und seine Klasse* gibt es eine Szene, die ziemlich charakteristisch für meinen Umgang mit Schulnoten ist: Ich stehe da und gebe die Zeugnisse aus. Das kommentiere ich laut und eindringlich: »Diese Noten, die zeigen überhaupt nichts von euch! Das sind nur Momentaufnahmen! Viel wichtiger ist, dass ihr alle tolle Kinder seid! Tolle Jugendliche!«

Ich hoffe sehr, dass diese Sätze ihnen mehr in Erinnerung bleiben als das Stück Papier mit den Ziffern drauf. Ich selbst hätte solche Sätze als Kind begierig aufgesogen. Aber keiner, außer meiner Oma, hat sie mir zugerufen. Vielleicht habe ich in solchen Situationen deshalb auch immer ein bisschen zu mir selbst gesprochen.

25

DER SAMOWAR IM KLASSENZIMMER

Ich war noch nicht lange Lehrer an der Georg-Büchner-Schule im Stadtallendorf, da bekam ich von meiner Klasse zum Geburtstag einen großen silbernen Samowar geschenkt sowie die passenden kleinen Trinkgläser samt schwarzem Tee und Kandiszucker. Was für ein wunderschönes und imposantes Geschenk! Ich war sehr gerührt.

Weil ich von Samowaren (übersetzt heißt das so viel wie »Selbstkocher«) bis dahin keine Ahnung hatte, durfte ich mich zurücklehnen, und die Schülerinnen und Schüler weihten mich in die Kunst des Teekochens und -trinkens ein. Sie waren mächtig stolz, mir dieses alte russisch-arabisch-türkisch-persische Ritual zeigen zu dürfen, das viele von ihnen von zu Hause gut kannten. Ich fühlte mich, als würde ich in die Märchenwelt von Tausendundeiner Nacht eintauchen. Wie Sindbad, der Seefahrer, der sich nach einer langen, stürmischen Schiffsreise endlich bei einer Tasse süßen Tees ausruhen durfte. Die Schüler genossen es sichtlich, dass sie mir in Sachen Samowar kulturell einiges voraushatten und dass sie zur Abwechslung ihrem Lehrer etwas beibringen konnten.

So kam ich also zu meinem Samowar, der schnell einen festen Platz im Klassenzimmer fand. Fast zwanzig Jahre blieb er im Schulalltag an meiner Seite. Wie ein Mitarbeiter, der sehr genau weiß, wie man sich beim Chef unentbehrlich macht, eroberte er sich rasch eigene Aufgabenfelder. Zum Beispiel bei Elternsprechtagen: Da war er im Dauereinsatz.

Ich hatte es mir zur Gewohnheit gemacht, Elternsprechtage anders durchzuführen, als das an vielen Schulen üblich ist. Bei mir kamen die Eltern immer gemeinsam mit ihren Kindern. Ich habe grundsätzlich nie Gespräche mit den Erziehungsberechtigten hinter dem Rücken von Schülern geführt. Leider konnte ich mich mit diesem Ansatz nicht durchsetzen, selbst an unserer Schule machten das nur ein, zwei andere Kollegen genauso wie ich.

Meine Entscheidung, zum Elternsprechtag die ganze Familie einzuladen, hatte auch mit meinen eigenen Erfahrungen als Vater von schulpflichtigen Kindern zu tun. Ich erinnere mich, wie unwohl ich mich fühlte, wenn Lehrerinnen oder Lehrer negativ von meinen Kindern sprachen: »Mal wieder zu spät gewesen ... keine Hausaufgaben gemacht ... unaufmerksam im Unterricht ...«

Ich wollte nie so ein Lehrer sein, der die Kinder vor ihren Eltern schlechtmacht. Und ich konnte mich auch gut in die Schüler hineinversetzen, denen der Elternsprechtag schon Tage im Voraus ein mulmiges Gefühl bereitete. Wer wird schon gerne in Abwesenheit verurteilt und bewertet? Einzelgespräche über problematisches Verhalten habe ich lieber zu einem anderen Zeitpunkt geführt – und nur, wenn es wirklich unter vier Augen sein musste.

Ein weiterer Anlass zum Reden und Teetrinken während

des Elterngesprächstags war der Samowar: Er strahlte Gemütlichkeit und Gastfreundschaft aus, was sicher auch an der überwältigenden Süße des Tees und den hübschen bunten Gläsern lag. Es fanden sich immer einige Kinder, oft waren es die Mädchen, die während eines langen Elternsprechtags im Klassenzimmer den Tee kochten und dazu Kuchen anboten. Ich musste gar nicht fragen oder bitten, sie meldeten sich begeistert freiwillig für diese Aufgabe. Überhaupt hat es bei unseren Klassenveranstaltungen nie an selbst gebackenen Kuchen oder helfenden Händen gemangelt.

Für mich wurde trotzdem vor allem der Samowar zum Sinnbild all dessen, was ich an Stadtallendorf und der Georg-Büchner-Schule so mochte. Gelebte kulturelle Vielfalt. Toleranz. Ein freundliches Miteinander. Der Samowar brachte eine eigenartige, schöne Melodie in unsere Klasse. Auch bei Geburtstagen, bei Weihnachtsfeiern oder Klassenfesten thronte er stets über dem Büfett. Wann immer es etwas zu feiern gab, war er dabei und wärmte uns mit seinem Tee und seinem wunderschönen Anblick.

Dass ich den Samowar in meinem Klassenzimmer fest installieren konnte, hatte auch mit unserer schulinternen Raumaufteilung zu tun. Während es sich im Lehrerzimmer manchmal so anfühlte, als sei man in einer Bahnhofshalle – Dutzende Lehrkräfte, Referendarinnen und Praktikanten rannten umher und redeten durcheinander –, gehörte mein Raum nur mir allein. Ähnlich wie an amerikanischen Highschools mit ihrem Fachlehrerraum-Prinzip bestand ich auf einem eigenen Raum, in dem ich nicht nur als Klassenlehrer unterrichtete, sondern auch alle meine Stunden für andere Klassen gab. Dieses Klassenzimmer richtete ich mir ein bisschen ein wie eine WG-Wohnküche. Natürlich gab es ein Lehrerpult, aber es war ein selbst getischlertes Möbelstück. Daneben stand ein herrlicher alter Lehnsessel. Außerdem gab es ein Sofa, auf das sich die Kinder jederzeit setzen durften. Auch ich legte hier in den Pausen gerne mal die Füße hoch und ruhte mich aus. Instrumente hingen an den Wänden, ein Schlagzeug stand in der Ecke, Leseteppiche lagen auf dem Boden. Und der Samowar zischte und köchelte vor sich hin.

In unserer kleinen Küchenzeile, die ebenfalls im Klassenraum integriert war, konnte ich mir zu jeder Tageszeit einen Kaffee kochen, und die Schüler durften Tee trinken, wann immer sie wollten. Die Dose mit den Plätzchen war für alle da, genauso wie der Teller mit den Äpfeln. Unser Raum beinhaltete vieles, was angeblich nicht in ein Klassenzimmer gehört. Aber ich brauchte das, um mich darin wohlzufühlen. Denn erst diese Atmosphäre erlaubt mir, Gastfreundschaft zum pädagogischen Prinzip zu erheben.

Das betraf nicht nur die Eltern am Elternsprechtag, sondern selbstverständlich auch die Kinder. Wenn es draußen eiskalt war und sie in der Pause nicht auf den Schulhof wollten, wie es die Schulordnung eigentlich vorsah, gestattete ich ihnen, drinnen zu bleiben. Es war mir wichtig, dass sie es warm hatten, dass sie ebenfalls Ruhe- und Rückzugsmöglichkeiten bekamen. Natürlich waren die Pausen im Klassenzimmer mit Regeln verbunden. So wussten beispielsweise alle, dass ich in diesen Zeiten nicht angesprochen werden wollte. Oft saßen wir einfach da, nippten am Tee oder Kaffee, blätterten in einem Buch oder einer Zeitung und schöpften Kraft für die nächsten Unterrichtsstunden.

Dass der Raum so viel Behaglichkeit ausstrahlte, kam mir auch zugute, wenn ich andere Klassen unterrichtete. Normalerweise geht man als Musiklehrer in einen separaten Musikraum. Da stehen alle Streich- und Schlaginstrumente herum, die der Schule gehören, oft auch noch ein verkratztes altes Klavier. Die Kinder stürzen sich auf alles, was sie in die Finger kriegen, trommeln auf dem Schlagzeug herum, traktieren das Klavier, schrammeln wie wild auf den Gitarrensaiten. Man hat alle Hände voll zu tun, für Ordnung zu sorgen und die Instrumente zu schützen.

All diese Probleme hatte ich in meinem Raum nicht. Wenn andere Klassen kamen, war klar: »Ihr seid jetzt hier bei uns zu Gast.« Das hieß einerseits: Ich bewirte euch und sorge dafür, dass ihr euch wohlfühlen könnt. Andererseits bedeutete es auch: Als Gäste müsst ihr unseren Raum respektvoll betreten und mir, dem Gastgeber, mit Höflichkeit begegnen:

»Möchtet ihr einen Apfel?«

»Gerne, Herr Bachmann.«

Aber wehe, einer haute in die Tasten unseres Keyboards, ohne mich zu fragen. Dann konnte er die nächsten zehn Minuten vor der Tür verbringen. Ich musste es gar nicht erläutern, die Kinder der anderen Klassen verstanden intuitiv, dass uns die Gegenstände in unserem Klassenraum wichtig waren und dass wir wollten, dass sie pfleglich behandelt wurden.

Für meine eigenen Klassen wurde es selbstverständlich, dass ein Klassenraum eher einem Wohnzimmer ähnelt als einer sterilen Lernfabrik. Es machte für uns alle Sinn: Schließlich verbrachten wir hier täglich viele Stunden miteinander. Wir lebten hier. Wir waren auf eine Art – Familie.

Das wiederum brachte eine meiner fünften Klassen einmal auf eine Idee. Ich war mitten im Unterricht ins Sekretariat gerufen worden, weil die Eltern eines kranken Schülers nicht erreicht werden konnten. Bestimmt zwanzig Minuten lang dauerte die Angelegenheit; so lange waren die Kinder sich selbst überlassen.

Als ich zurück ins Klassenzimmer kam, staunte ich nicht schlecht. Die Elfjährigen hatten während meiner Abwesenheit einen fundamentalen Umbau eingeläutet. Aus dem großen Lehrerpult und etlichen Tischen, Stühlen, Decken und Leseteppichen hatten sie ein pyramidenartiges, dreistöckiges Haus gebaut. Leicht wackelig und gefährlich sah es aus, aber eindrucksvoll. Einige der Kinder saßen ganz obendrauf und grinsten mich an:

»Das Klassenzimmer reicht uns nicht mehr. Wir möchten gerne mit der ganzen Klasse in einem Haus wohnen.«

Ich kam nicht umhin, ein bisschen stolz auf die Klasse zu sein. Die Kinder kannten sich noch nicht sehr lange untereinander, es war eine ziemlich neu zusammengewürfelte Gruppe – und trotzdem war schon ein so starkes Zusammengehörigkeitsgefühl entstanden, dass sie bereits über einen Hausbau nachdachten.

Nachdem wir ihre architektonische Spontankonstruktion wieder zurückgebaut hatten, griff ich die Idee auf. Im Stuhlkreis wurde wild diskutiert: Wie könnte man die Hausidee weiterführen? Ich schlug vor, dass wir ein Haus so planen, wie es Architekten machen – also auf dem Papier, mit Zimmeraufteilung und mehreren Stockwerken.

Eine Wand des Klassenzimmers machten wir dafür frei, dort pinnten wir unsere Pläne an. Mehrere Arbeitsgruppen wurden gebildet, die jeweils für die Gestaltung einzelner Räume zuständig waren. Teils wurden klassische Draufsichten gezeichnet, teils dreidimensionale Modelle gebaut, ähnlich wie Puppenstuben, mit Miniaturtischen und -regalen. Nach und nach wuchs unser imaginäres Haus, wurde größer und bunter. Es gab mehrere Küchen, etliche Schlafräume, Spielzimmer, Wohnzimmer, ein Musikzimmer, Partyräume. Als das Haus fertig war, machten die Kinder im Außenbereich weiter: Bolzplatz, Schwimmbad, Liegewiese, Bäume, Büsche. Für mich wurde noch ein kleines Gartenblockhaus entworfen: »Da können Sie wohnen, Herr Bachmann, das passt zu Ihnen!«

Schade eigentlich, dass wir unser kollektives Traumhaus nie tatsächlich gebaut haben.

Ich habe das Klassenzimmer jedenfalls immer als Lebensraum verstanden, als einen Ort, der alle wärmen sollte, die sich dort aufhalten. Alles, was mir half, dieses Gefühl herzustellen, habe ich aufgegriffen – und es war mir egal, was andere davon hielten. Es ging mir darum, dass wir in diesen vier Wänden miteinander reden können, Vertrauen zueinander aufbauen und die inneren Räume schaffen für kreatives Arbeiten!

Als junger Lehrer war ich pädagogisch erst mal vor die Wand gefahren, es drohte der Totalschaden. Nachdem ich zurückkam, war klar: Ich muss innerhalb der vorgegebenen Schulstrukturen auf Entdeckerkurs gehen, wenn ich diesen Beruf überleben will. Ich gab meine Deckung auf und beschloss, es mit ehrlichem Auftreten zu versuchen. Ich wollte für die Schüler als Mensch erkennbar sein und keine künstliche Rolle spielen. (Trotzdem teilte ich natürlich meine privaten Probleme nicht mit ihnen und zog Grenzen, wo ich sie für nötig hielt.)

Jedenfalls merkte ich: Das ist gar nicht so schwer! Im gleichen Maße, wie ich mich gegenüber meinen Schülern öffnete, trauten auch sie sich ganz unverhohlen, ihre Interessen und Bedürfnisse zu äußern! Es waren keine ungewöhnlichen Wünsche: Sie wollten sich im Klassenzimmer physisch und psychisch wohlfühlen, sie wollten ernst genommen und nicht gegängelt werden. Sie verlangten, auf vielen Ebenen selbstständige Entscheidungen fällen zu können. Wenn ich ihnen als Erwachsener Grenzen setzte, forderten sie dafür eine Erklärung ein. Das alles erfüllte ich ihnen nur zu gerne, und von Jahr zu Jahr wuchs meine Freude, ihr Lehrer sein zu dürfen. Gemeinsam schufen wir im Klassenzimmer ein Zuhause für jeden, unabhängig von kultureller Herkunft oder sozialer Schicht.

Heute steht der Samowar in der Küche meines blauen Hauses in der Nähe von Marburg. Manchmal schaue ich ihn ein bisschen wehmütig an. Ist er nicht ein toller Geselle, der geheimnisvolle Geschichten aus vielen Jahrhunderten zu kennen scheint? Noch immer grüßt er funkelnd jeden, der mich besuchen kommt. Kaum jemand übersieht ihn, im Gegenteil, oft werden ihm bewundernd-sehnsüchtige Blicke zugeworfen. Auch nach Jahrzehnten im Dauereinsatz hat er nichts von seiner Ausstrahlung verloren.

26

DIE KINDER VON STADTALLENDORF

Von Marburg aus gesehen liegt Stadtallendorf im Osten. Wenn ich morgens mit dem Motorrad Richtung Georg-Büchner-Schule startete, fuhr ich direkt in den Sonnenaufgang hinein. Hört sich kitschig an, aber war immer toll! Um die Amöneburg herum, eine alte keltische Siedlung auf einem vulkanischen Berg, und da war sie, die Einfahrt in mein tägliches Lehrerleben. Sie führte stets über die lang gezogene Niederkleiner Straße.

Diese Straße ist so etwas wie eine stehen gebliebene Kulisse aus einem Schwarz-Weiß-Film der 1960er-Jahre. Erst fährt man durch Wald, dann, je näher man der Stadt mit ihren 20 000 Einwohnern kommt, an lauter gleichförmigen Nachkriegsmietskasernen entlang, die schließlich in einem Gewühl aus Gewerbehöfen, Parkplätzen und Ladenlokalen gipfeln – bis die Straße im zentralen Kreisverkehr der Stadt mündet.

Entlang der vierspurigen Niederkleiner Straße hat sich buntes Leben entfaltet: Es gibt Geschäfte, Cafés, Restaurants. Man kann türkisch essen, italienisch oder griechisch.

Als ich zum ersten Mal nach Stadtallendorf kam, verliebte

ich mich augenblicklich in diese kleine hessische Arbeiterstadt. Ich spürte, hier gehörst du hin.

Ich glaube, ich war in meiner damaligen Lebensphase auf der Suche nach einem neuen Zuhause, ohne dass mir das überhaupt bewusst war. Obwohl ich in Deutschland geboren und aufgewachsen bin, habe ich mich außerhalb des Ruhrgebiets immer irgendwie fremd gefühlt, schon in meiner Jugend in Süddeutschland, später in meinen Berliner Studentenjahren, und auch als Referendar in meiner Frankfurter Zeit. Nach Stadtallendorf kam ich, mittlerweile knapp 40 Jahre alt, mit einem herzklopfenden Kolumbusgefühl. Lange war ich als Entdecker herumgeirrt. Hatte viel gesehen, aber keine Wurzeln geschlagen. Das hier war möglicherweise genau der Ort, den ich immer vermisst hatte.

Meine Freunde verstanden meine Gefühle überhaupt nicht.

»Was? Du gehst als Lehrer in diese schreckliche Stadt? Was reitet dich denn?«

Ich ließ mich nicht beirren, sagte der Stelle zu und fand sogar einen alten Bungalow vor den Toren des riesigen Stadtallendorfer Industriegebiets. Aber meine Frau und meine Kinder wollten dort nicht hinziehen. Wir blieben also in der Nähe von Marburg und ich wurde zum Pendler.

Es war nicht allein die schlichte Nachkriegsarchitektur, die mich an Stadtallendorf faszinierte. Es waren vor allem die Menschen: die große Anzahl von Zugezogenen aus der ganzen Welt, vor allem aus Italien, der Türkei und aus Russland. Irgendwas hatte das mit der Stadt gemacht. Alles schien mir ein bisschen provisorisch, unvollkommen, noch im Aufbau. Ich mochte das sehr – denn so ähnlich fühlte ich mich selbst auch. Die Geschäftsinhaber auf der Niederkleiner Straße wechselten ständig. Wo gestern noch ein Brautmodenladen war, prangte heute das Schild einer Shisha-Bar.

Es kam mir vor, als wäre Stadtallendorf eine Art Durchlauferhitzer. Viele waren ursprünglich nicht gekommen, um für immer in Hessen zu bleiben. Sie brauchten nur eine erste Anlaufstation, einen ersten sicheren Hafen. Aber wie es im Leben manchmal ist: Die spannendsten Dinge passieren, während man eigentlich auf etwas Besseres wartet.

Stadtallendorf ist ein Ort mit einer komplizierten und schrecklichen Geschichte: Während der Nazizeit standen hier riesige Munitionsfabriken, drumherum zehn Lager mit Tausenden verschleppten Zwangsarbeitern, Kriegsgefangenen und KZ-Häftlingen. Seit 1994 gibt es ein öffentliches Dokumentationszentrum, das DIZ, das über das Leid dieser Menschen informiert. Die Baracken, in denen die Zwangsarbeiter untergebracht waren, müssen erbärmlich gewesen sein, dazu kamen Schwerstarbeit, Unterernährung und teilweise auch Misshandlungen.

Die Stadt hat das Informationzentrum in enger Zusammenarbeit mit den Schulen und dem Landkreis konzipiert, auch Lehrerinnen und Lehrer waren intensiv beteiligt. Ich bin mit meinen Klassen oft zu Besuch gewesen, wir haben viele Projekte gemacht, um uns diesem dunklen Kapitel zu nähern. Was dabei immer besonders berührend war: Wenn die Kinder begriffen, dass unter den Zwangsarbeiterinnen und Zwangsarbeitern viele Menschen aus Italien, Polen, Serbien, Ungarn und der Sowjetunion waren – also aus den Heimatländern ihrer Eltern oder Großeltern.

Nach dem Zweiten Weltkrieg wandelte sich Stadtallendorf zu einem Standort der Großindustrie, Ferrero produziert hier Pralinen, die Eisengießerei Fritz Winter fertigt Kupplungsscheiben für Autos, und die Firma Hoppe ist auf Fenster und Beschläge spezialisiert. Es gibt über 10 000 Industriearbeitsplätze, und das quasi mitten auf dem Land. Viele Väter und Mütter meiner Schüler waren in den Großbetrieben angestellt, standen am Hochofen, lenkten die Gabelstapler, saßen am Fließband. Sie verrichteten harte körperliche Arbeit, vor der ich den allergrößten Respekt habe.

Wer die Gegend gar nicht kennt: Stadtallendorf und Umgebung kann man sich ein bisschen vorstellen wie eine Insel im Meer. Auf der kleinen Insel rauchen die Schornsteine, und es wird schwer malocht. Drumherum aber ist nichts außer Weite, Wald und Wiesen. Auf der Insel hat sich in den letzten Jahrzehnten eine ganz besondere »Inselpopulation« herausgebildet, die ziemlich einmütig zusammenlebt. In Stadtallendorf wurde beispielsweise auf dem Firmengelände von Fritz Winter die erste Moschee Deutschlands eröffnet. Inzwischen gibt es vier Moscheen, außerdem eine alte katholische und eine große evangelische Kirche. Die Menschen, die seit den 1950ern aus aller Herren Ländern zum Arbeiten nach Stadtallendorf gekommen sind, fingen im Laufe der Jahre an heimisch zu werden. Nicht wenige gründeten Firmen, kauften sich ein Gewerbe oder bauten Häuser am Stadtrand.

Auch ich war in den späten 1990ern bereit, endlich anzukommen. Warum nicht hier, wo alles möglich schien? Bei meinem Neuanfang half mir der Umstand, dass die Georg-Büchner-Schule noch im Wachsen und Werden war, sie hatte etwas erfrischend Provisorisches. Als ich anfing zu unterrichten, war das Gebäude noch nicht ganz fertiggestellt. Jahrelang begleiteten Baustellen meinen Unterricht, was mich wiederum gar nicht störte, im Gegenteil.

Vor allem liebte ich die Kinder an der Georg-Büchner-Schule – und zwar vom ersten Tag an. Weil alles so unfertig war, nahmen wir uns die Freiheit, auf eigene Faust unsere Räume einzurichten. Wer noch Mobiliar zu Hause hatte, das uns nützlich sein könnte, brachte es mit. Manchmal stöberten wir auch zusammen im Sperrmüll, den Menschen vor ihre Häuser auf den Gehweg gestellt hatten. Dabei entdeckte ich doch tatsächlich eine Saz, eine türkische Laute. In dem Moment kam eine alte Frau aus der Tür. Sie sah, dass ich die Saz vorsichtig hochgehoben hatte.

»Ja, nehmen Sie die gerne mit!«, rief sie. »Können Sie denn darauf spielen?«

»Weiß ich nicht«, antwortete ich.

»Ich kann es«, sagt Anisa, eine meiner Schülerinnen. Sie nahm mir das Instrument ab und gab direkt eine Kostprobe ihres Könnens. So was passiert einem nur in Stadtallendorf.

2015 erreichte die große Migrationsbewegung auch Stadtallendorf – und die Zusammensetzung der Bevölkerung änderte sich erneut. In meiner letzten Klasse saßen 19 Schülerinnen und Schüler aus 14 Nationen. Die Koffer, die sie mitbrachten, waren randvoll: so viele Kulturen, Lebensansichten, Religionen, Erfahrungen, die diese jungen Menschen im Gepäck hatten! Das Unterrichten hat das nicht schwerer, sondern nur aufregender gemacht. Außerdem waren diese Kinder wirklich die dankbarsten Wesen, die ich je in einer Schule kennenlernen durfte. Offen, lernwillig, bereit, sich aufeinander und auf mich, ihren deutschen Lehrer, einzulassen.

Und das, obwohl ihre äußeren Lebensumstände oft unfassbar schwer waren. Obwohl es Sprachbarrieren gab, obwohl viele Familien mit Armut, Fluchttraumata, Zerrüttung kämpften. Ich war mir dieser Umstände immer sehr bewusst. Die Benachteiligungen, die für diese Kinder mit ihrer aktuellen Lebenssituation einhergingen (und für die sie selbst am allerwenigsten konnten), lagen auf der Hand.

Ich machte mir keine Illusionen darüber, dass ich die strukturelle Bildungsungerechtigkeit im deutschen Schulsystem im Alleingang abschaffen könnte. Aber ich wollte, im Rahmen des mir Möglichen, diesen Kindern eine Perspektive bieten. Und zwar allen! Das war sozusagen mein »Gang durch die Institutionen«, wie die 68er ihre Strategie der subversiven Unterwanderung immer genannt haben. Ich habe auch als verbeamteter Lehrer nie aufgehört, über die soziale Frage nachzudenken. Wie bekommt jedes Kind die Chance, die es verdient? Wie ein roter Faden zieht sich das Thema durch mein Leben.

Gefunden habe ich keine allumfassende Antwort – aber als Lehrer zumindest viele kleine Wege und Möglichkeiten, die sich auch in einer staatlichen Schule verwirklichen lassen. Und dann kam eines Tages ein Filmteam in unser Klassenzimmer.

2017 war das. Der Kameramann Reinhold Vorschneider, mein ältester Freund aus Berliner Zeiten, und seine Frau, die Regisseurin Maria Speth, hatten mich oft zu Hause in meinem Waldhaus besucht. Ich sagte ihnen immer wieder: »Ihr müsst euch die Georg-Büchner-Schule mal ansehen!«

Irgendwann konnten sie sich nicht mehr dagegen wehren, mit nach Stadtallendorf zu kommen.

Auch bei ihnen war es Liebe auf den ersten Blick. Nicht nur die Stadt, sondern auch die Freundlichkeit und Ungezwungenheit meiner Schülerinnen und Schüler beeindruckten beide zutiefst. So entstand die Idee, einen Dokumentarfilm mit dieser Klasse zu drehen. Das ging nicht über Nacht, zunächst waren monatelange Vorarbeiten nötig, Förderanträge mussten geschrieben, Drehgenehmigungen beantragt werden und so weiter.

Schon während dieser Zeit waren Maria und Reinhold oft bei uns im Unterricht zu Gast und wurden von den Schülern neugierig aufgenommen. Als die Dreharbeiten tatsächlich begannen, war aus unserem gemütlichen Klassenzimmer ein gut ausgeleuchtetes Filmstudio geworden. Überall waren Mikrofone installiert, ich wurde verkabelt, und Olli, der Toningenieur, fischte während der Aufnahmen mit seiner Tonangel im Raum nach akustischen Leckerbissen.

Wenn ich mir den Film ansehe, wundere ich mich, dass von diesem technischen Drumherum nichts zu bemerken ist. Die Dreharbeiten dauerten rund ein halbes Jahr, und die Beziehungen zwischen Crew und Klasse wurden während dieser Zeit immer inniger. So setzte sich das fünfköpfige Filmteam oft in der Hausaufgabenzeit neben einzelne Schüler und half mit. Natürlich haben wir auch alle zusammen Döner gegessen am Dönertag. Als der Film abgedreht war, fiel uns der Abschied ziemlich schwer.

Dreieinhalb Jahre hat Maria anschließend im Schnitt am Film gearbeitet – bis zur Erschöpfung. Ich bekam davon wenig mit. Ich hatte die Dokumentation schon fast vergessen, als Maria mich eines Tages anrief und sagte:

»Halt dich fest, Dieter, wir sind im Hauptwettbewerb der Berlinale!«

Der Film war beim größten deutschen Filmfestival angenommen worden und ging ins Rennen um den wichtigsten Filmpreis der Republik!

Was in den darauffolgenden Monaten passierte, war der helle Wahnsinn. *Herr Bachmann und seine Klasse* gewann im Februar 2021 nicht nur den Silbernen Bären der Berlinale (den Preis der Jury), sondern im Juni des gleichen Jahres auch noch den Berlinale-Publikumspreis für den besten Wettbewerbsfilm. Es folgte: der Dokumentarfilmpreis auf dem Hong Kong International Film Festival, der Deutsche Filmpreis 2021 für den Besten Dokumentarfilm, der Publikumspreis des Nuremberg International Human Rights Film Festivals sowie der Bayerische Filmpreis 2021 für den besten Schnitt. Wow!

Als Reinhold beim Deutschen Filmpreis die Lola für die beste Kamera entgegennahm, schauten wir, meine Klasse und ich, die Liveübertragung zusammen im Fernsehen an. Die Jugendlichen waren stolz und auch ziemlich beeindruckt. Während Reinhold sich auf der Bühne bedankte, zeigte Cengiz auf den Bildschirm: »Wahnsinn! Ich kenne einen berühmten Mann!«

Der Erfolg des Films machte sich auch in unserem Alltag bemerkbar: Wir lebten auf einmal nicht mehr auf einer kleinen Insel in Hessen, weitgehend unbemerkt vom Rest der Welt. Nein, plötzlich schienen sich alle für Stadtallendorf und die Georg-Büchner-Gesamtschule mit ihrer multikulturellen Schülerschaft zu interessieren. Ich bekam jede Menge

Anfragen von Zeitungen und Radiosendern, sollte Interviews gebe, wurde in Talkshows eingeladen oder stand auf Premierenfeiern zwischen berühmten Leuten.

Auch die Schüler erlebten den Rummel hautnah mit. Ich hatte bei den Dreharbeiten immer etwas Angst vor dem Moment gehabt, wenn sie sich später auf der großen Leinwand sehen würden. Würde es sie peinlich berühren? Wäre es ihnen unangenehm? Tatsächlich kam Hasan nach einer Kinovorführung zu mir und sagte: »Herr Bachmann, ich spreche ja so schlecht Deutsch im Film!« Aber dann lachte er gleich wieder und fügte noch hinzu: »Aber ich könnte doch jetzt Schauspieler werden, oder?«

Ich widersprach ihm nicht, aber wiegelte ab. »Erst mal die Ausbildung zu Ende machen, das ist doch auch nicht schlecht, oder?«

Hasan lachte. »Klar, Herr Bachmann.«

Einmal waren wir sonntags zu einer Kino-Matinee eingeladen, wir sollten dem Publikum nach dem Film Fragen beantworten. Wir gingen zu dritt, Ex-Referendar Önder, mein ehemaliger Schüler Hüssein und ich, mit meiner Gitarre Emma unterm Arm!

Nach Abspann und Applaus saßen wir drei auf der Bühne vor dem Publikum und machten zunächst ein bisschen Musik. Auch Hüssein war kräftig am Trommeln. Dann wollten die Zuschauer einiges von ihm wissen, über die Dreharbeiten und wie es danach für ihn weitergegangen war. Hüssein antwortete mit viel Einfühlungsvermögen und großer Ehrlichkeit. Öndar und ich, die beiden Erwachsenen, rückten unmerklich in den Hintergrund.

Es war fast wie ein toller Schulmoment: Ein Schüler hatte das Zepter übernommen, ich konnte mich zurücklehnen und zuschauen, wie er das Ding rockte – selbstbewusst, klug und witzig. Im Halbdunkeln des Kinosaals erinnerte ich mich daran, wie sich die Klassendynamik im Laufe unserer gemeinsamen Jahre verändert hatte. Der Anfang war, wie so häufig, mit vielen Auseinandersetzungen einhergegangen: Wie sind hier die Regeln, wer gibt den Ton an? Als wir das geklärt hatten, entfaltete sich eine neue Energie. Eine Energie, die aus der Klasse mehr machte als die Summe ihrer Teile. Die Schülerinnen und Schüler, die von außen gesehen so wenig gemeinsam hatten, denen teilweise sogar eine gemeinsame Sprache fehlte, entwickelten zusammen eine unglaubliche Wärme und Kraft. Ihr Konkurrenzdenken und ihr Argwohn gegenüber den anderen waren verschwunden, und plötzlich lief es wie von alleine. Genau wie zwischen Hüssein und dem Publikum.

Für mich war es, mehr als drei Jahre nach Abschluss der Dreharbeiten, das Schönste, meine ehemaligen Schülerinnen und Schüler auf der Leinwand wiederzusehen. Und: Ich konnte zum ersten Mal von außen in mein Klassenzimmer schauen – diese Perspektive kannte ich nicht. Das hat mir ganz neue Einblicke in meine Lehrmethoden ermöglicht, die ich jetzt hier versucht habe aufzuschreiben.

Eins wusste ich aber auch schon vor Dreharbeiten und Buchmanuskript: Die Kinder von Stadtallendorf sind wirklich das Beste, was mir in meinem turbulent-provisorischen Leben begegnet ist. Durch ihre sich entfaltende Lebenskraft haben sie mir mehr zurückgegeben, als ich je pädagogisch in die Waagschale hätte werfen können. Sie haben mich beruflich zu Höchstleistungen inspiriert. Dank ihnen habe ich mich als Lehrer endlich selbst finden dürfen – und als Mensch lieben gelernt.

EIN PAAR SCHLUSSGEDANKEN

Als ich vor vier Jahren in Rente ging, war ich kurz davor, in ein riesiges Loch zu fallen – ganz ehrlich. Ich spürte: Dagegen muss ich etwas machen! Ich muss einen neuen Weg für mich finden.

Meine Klasse fehlte mir, und da nützte es auch nicht viel, dass ich mich mit einigen der Schüler zwei-, dreimal im Monat traf. Wir sind Döner essen gefahren, haben für den Führerschein geübt und Ausflüge nach Gießen und Frankfurt gemacht. Doch ein echter Ersatz für mein geliebtes Klassenzimmer war das alles nicht. Also, was tun?

Wenig später nahm ich meinen ganzen Mut zusammen und meldete mich beim »Marburger Abend« an, einer offenen Talentshow für Bühnenkünstler aller Art. Am Sonntag sollte es losgehen. Fast hätte ich auf den letzten Metern noch gekniffen. Doch einer der Organisatoren packte mich am Ärmel: »Dieter, wir haben heute nur wenige Leute im Programm! Du musst auf jeden Fall auftreten!«

Da saß ich nun. Vor rund vierhundert fremden Menschen. Nur mit einem Mikrofon und meiner treuen Emma. Also los! Ich probierte vorsichtig die ersten Akkorde eines selbst komponierten Songs, und dann spielte ich und spielte und spielte! Meine Schultrauer war verflogen, und eine neue Tür öffnete sich.

Am Ende dieses Buches, nachdem ich so viele Bausteine meines Lehrerlebens und meiner Lebensversuche aufeinandergestapelt habe, probiere ich nun, ein paar Gedanken zu bündeln, die mich geleitet haben. Der zentralste lautet: Menschen brauchen Menschen, mit denen sie leben und arbeiten. Alleinsein macht nicht glücklich. Nur miteinander gelingt etwas.

Als kleiner Junge hatte ich oft gewaltige Anfälle von Langeweile. Wenn ich im Fernsehen ein Fußballspiel gesehen hatte, bin ich anschließend sofort auf die Straße hinausgerannt, um ein paar Jungs zu finden, mit denen ich das gerade gesehene Spiel nachstellen könnte. Vor allem die Highlights: dieser irre Torwart Fritz Herkenrath von Rot-Weiss Essen, der 1952/53 den DFB-Pokal und 1954/55 die Deutsche Meisterschaft gewann. Wie er den Angreifern durch die Beine springen und ihnen im letzten Moment den Ball wegschnappen konnte! Wenn man auf dem Bolzplatz in den 50ern auf ein gegnerisches Tor zulief, und der Torwart schrie kämpferisch »Herkenrath!«, konnte man schon mal seine Knochen sortieren. Solche selbst erfundenen Rituale haben uns kleine Jungs riesig begeistert.

Ich glaube, schon damals hatte ich ein Talent dafür, andere mit meiner Leidenschaft anzustecken. Einer Ex-Freundin brachte ich das Motorradfahren bei. Zur Belohnung haben wir ausschweifende Touren gemacht und Deutschland in manchen Ecken neu entdeckt. Auf keinen Fall hätte mir das alleine Spaß gemacht. Und in der Schule? Da konnte ich

Mit meinen
Omas

© Heinrich Bachmann

Dieter mit
zwei Jahren

© Heinrich Bachmann

Ich habe immer
schon gerne
Geschichten
erzählt

© Heinrich Bachmann

© Heinrich Bachmann

Meine Klasse im Sommer
1959

Als Lehrer mit meiner Klasse
2008

© Anna Weber

Beim Motoradfahren
1983

Im Jahr 2000:
Pferde haben immer schon
eine große Rolle in meinem
Leben gespielt.

Mit meiner Gitarre
2008

Ein Musikstein für die
Firma Lakewood.

Ein Selbstportrait
in Holz

Im Steinbruch 2022

© Elias Bachmann

Die Georg-Büchner-
Gesamtschule in
Stadtallendorf

© Anna Weber

© Anna Weber

Kinder aus aller Welt
in Stadtallendorf

© Madonnen Film GmbH

© Madonnen Film GmbH

Traut euch, träumt!

Bei den Dreharbeiten für einen Aspekte-Beitrag
mit ehemaligen Schülern und Schülerinnen

Ein paar Eindrücke von
Stadtallendorf
© Anna Weber

Meine Söhne Elias
und Hannes

Meine Tochter
Lara und mein
Sohn Elias

Mein Sohn Hannes,
der Maler

Für papas Buch

meine Schülerinnen und Schüler über viele Jahre lang motivieren, Instrumente zu lernen. Weil keiner von ihnen dabei fehlen wollte, wenn wir *Highway to Hell* jammten.

Wenn ich etwas über mich selbst in den letzten sieben Jahrzehnten gelernt habe, dann das: Ein tolles Solo zu spielen, das bringt mir gar nichts! Lieber nur zwei simple Akkorde – aber dafür mit vielen anderen zusammen. Auch das ist übrigens ein wichtiger pädagogischer Grundsatz: Man muss sich selbst und den eigenen Ehrgeiz zurücknehmen können, um andere Menschen mitzunehmen und Wege gemeinsam zu gehen. Dafür muss man akzeptieren, dass nicht jeder alles gleich gut kann.

Gute Pädagogik heißt: Jeder besetzt den vorhandenen Raum nach seinen Möglichkeiten – und darf sich dabei als Teil im sozialen Ganzen fühlen, ohne sich ständig mit anderen messen zu müssen. Eine Gruppe, die danach lebt, ist automatisch tolerant. Als Erwachsener habe ich dabei auch die Aufgabe, Kindern Wege zu zeigen, wie sie sich einem selbst gesteckten Ziel annähern können. Ich motiviere und vermittle einen gesunden Umgang mit Unzulänglichkeiten: »Du kannst das jetzt vielleicht noch nicht, aber du kannst das lernen.«

In den letzten Jahren habe ich viel Zeit gehabt, über die Zukunft unseres Bildungssystems nachzudenken. Manchmal haben mich auch Journalisten gefragt: »Wovon träumen Sie, Herr Bachmann, wie sähe eine ideale Schule aus?« Hier kommt meine Antwort:

Wir sollten die Lehrerausbildung nicht allein universitär denken. Lehrerinnen und Lehrer könnten doch auch praktische, lebensnahe Qualifikationen mit in die Schule bringen –

vielleicht als ehemalige Handwerker, als Künstlerin oder als Sportler. Mich haben weniger das Studium als vielmehr die Jahre als Steinbildhauer wirklich fürs Klassenzimmer tauglich gemacht. Außerdem lieben Kinder Menschen mit weitgefächerten Lebenserfahrungen und unterschiedlichsten Hintergründen.

Des Weiteren wünsche ich mir, dass endlich das projektorientierte Lernen an allen Schulen Fuß fasst. Es gibt viele Ansätze, aber flächendeckend eingeführt ist es nicht. Dabei habe ich oft erlebt, dass nichts so toll ist, wie ein Projekt von vorne bis hinten selbst zu planen, zu organisieren und umzusetzen!

Dass ich ein Fan von Gesamtschulen bin, sollte klar geworden sein, von früher Selektion halte ich gar nichts. Ad hoc abschaffen kann man die Schulzweige in Deutschland vermutlich nicht, das gäbe einen großen Aufschrei. Aber nichts spricht dagegen, mehr und länger zusammen zu lernen, oder? Beispielsweise bis in die neunte oder zehnte Klasse, wie es in einigen skandinavischen Ländern üblich ist. Ich bin der festen Überzeugung, dass Schule neben dem Elternhaus ein extrem wichtiger Sozialisationsort ist. Kinder und Jugendliche können hier sehr früh im Leben interkulturelle Erfahrungen sammeln, wenn sie mit Menschen aus unterschiedlichen Ländern, unterschiedlichen sozialen Schichten und mit unterschiedlichen Fähigkeiten zusammentreffen. Was könnte förderlicher für unsere Demokratie sein als inklusive, integrative Schulen! Nur so lernen wir, Fremdes nicht als Bedrohung zu empfinden und Abgrenzung nicht zu unserem Lebensmotto zu machen.

Dafür müssen wir die Schulen eng mit der sie umgebenden Gesellschaft vernetzen. Wir brauchen keine abgeriegelten Lernkasernen hinter hohen Zäunen – wir brauchen einladende Häuser mit offenen Türen. Einen gemeinsamen Lebensort für Schüler, Lehrer, Eltern, Geschwister, Nachbarn. Alle, die sich engagieren wollen, sollten willkommen sein.

Dann würde ich die Nebenfächer aufwerten! Kinder sollten sich ausprobieren dürfen im Sport, im Handwerk und in der Kunst! Sie sollten Natur und Landwirtschaft hautnah kennenlernen! Und natürlich immer und überall: Musik hören, spüren, machen! Jedem Schüler sollte es ermöglicht werden, ein Instrument zu lernen!

Wichtig ist aber auch: Jede Lehrerin, jeder Lehrer ist anders. Mein Weg war mein Weg, er lässt sich weder nachahmen noch kopieren. Jeder muss seinen eigenen Rhythmus finden. Mein ganz persönlicher Lehrer-Code, meine Bachmann-Melodie, hat viel mit dem Lebensgefühl der frühen 1970er-Jahre zu tun. Uns bewegte die Abkehr von den alten, autoritären Strukturen in Familie und Gesellschaft, das Ringen um mehr Freiheit und Gerechtigkeit, der respektvollere Umgang mit Kindern.

Dazu kam die in Irland entdeckte Liebe zur Musik – und die Liebe zu den Pferden. Die Ermutigungen und Umarmungen meiner Oma. Die Abenteuer im Hühnerstall. Das Frisbeespielen als Student. Die naturwissenschaftliche Neugierde, die ich im Mathematikum in Gießen ausleben konnte. Und meine ganz persönliche Freude an Goethe *und* Karl May.

Und jetzt? Folge ich wieder der Spur der Steine und genieße die Einsamkeit meines Steinbruchs. Manchmal mit einer Träne im Auge, wenn ich an den vergangenen Trubel in meinen Klassen denke. Aber ich sehe auch, dass neue Abenteuer auf mich warten – und mich tröstet die Gewissheit, dass ich den Kindern alles mitgegeben habe, was ich zur Verfügung hatte, und sie nun mit vollen Köpfen und Herzen die Welt erobern.

NACHWORT

VON ANNA-MARIA WEBER

Ich hatte während meiner Schulzeit leider keinen Lehrer wie Dieter Bachmann. Dafür hatte ich später, als ich selbst in der Ausbildung zur Lehrerin steckte, das große Glück, ihn als Mentor an meiner Seite zu haben. Während dieser Zeit habe ich viel von ihm gelernt und mir das ein oder andere abgeschaut.

Der erste Aha-Moment ereignete sich direkt bei meiner ersten (zufälligen) Begegnung mit Dieter. Eigentlich wollte ich am Unterricht einer Kollegin teilnehmen. Diese war jedoch erkrankt, und ein Vertretungslehrer stand im Raum. Ein älterer Typ mit Lederjacke, Jeans und Turnschuhen. Er lud mich ein, zu bleiben, und nach ein paar Minuten war ich völlig irritiert. Ich sah brave Sechstklässler:innen, die motiviert ihre Matheaufgaben erledigten und sich rege am Unterricht beteiligten. Noch am Vortag war ich in genau dieser Klasse gewesen und hatte Kinder erlebt, die außer Rand und Band waren! Da verstand ich, dass wir Lehrer:innen mit unserem Handeln dafür verantwortlich sind, ob Schüler:innen sich fürs Lernen oder fürs Quatschmachen entscheiden.

Aber wie sieht solch ein Handeln aus? Ich hospitierte nach dieser Stunde viel in Dieter Bachmanns Unterricht, um Antworten auf diese Frage zu finden. Mir fiel dabei auf, dass er keinem Konflikt aus dem Weg ging. Sei es auf dem Schulhof oder im Klassenzimmer. Als harmonieliebende Person gefiel mir sein Dominanzgebaren nicht immer, aber ich konnte beobachten, dass Unterricht an unserer Schule oft erst möglich wurde, wenn die hierarchischen Strukturen geklärt waren. Aber das war noch nicht die wesentliche Erkenntnis. Es gab genug Lehrer, die (auf ganz unterschiedliche Weise) für Ruhe im Klassenzimmer sorgen konnten. Doch was folgte, wenn alle aufmerksam nach vorne schauten? In den meisten Klassenzimmern war es leider Langeweile.

In Dieters Unterricht ging es dagegen sehr abwechslungsreich zu. Es wurde viel musiziert, manchmal las er aus Büchern vor oder erzählte selbst erfundene Geschichten. Einigen Kindern brachte er das Jonglieren bei, und vor allem fehlte es ihm nie an Humor. Aber selbst wenn es in der Übungsphase vor einer Klassenarbeit mal etwas zäher wurde, folgten ihm die Schüler:innen motiviert. Warum eigentlich? Hier komme ich zu meiner wichtigsten Erkenntnis: Dieter gelang es, mit jedem Schüler und jeder Schülerin in Beziehung zu gehen. Die Kinder und Jugendlichen fühlten sich von ihm verstanden, gesehen und wertgeschätzt. Und wenn es dann mal richtig anstrengend wurde, waren sie gerne bereit, für ihren Lehrer die Extrameile zu gehen, auf die sie eigentlich keine Lust mehr hatten.

Ich war froh, ein Vorbild gefunden zu haben, dem ich nacheifern wollte. Doch gleichzeitig wuchsen meine Selbstzweifel. Der Start als Lehrerin fiel mir alles andere als leicht, und mir war klar, dass ich mich auch in zehn Jahren nicht mit Dieter Bachmann würde messen können. Zu diesem Zeitpunkt war mir noch nicht bewusst, dass es darum gar nicht geht. Erst später verstand ich: Meine Aufgabe besteht darin, meinen eigenen authentischen Weg als Lehrkraft zu finden. Denn jedes Leben schreibt andere Geschichten, jeder Mensch besitzt sein eigenes Temperament und ist mit verschiedenen Talenten gesegnet. Es erfordert Mut, diesen individuellen Weg zu gehen, aber er lohnt sich. Ich glaube mittlerweile, kein:e gute:r Lehrer:in gleicht der oder dem anderen.

Und nun zu Ihnen: Ich hoffe, dass es nicht bei der Lektüre des Buches bleibt! Trauen Sie sich, wie der Titel sagt, zu träumen! Mein aufrichtiger Wunsch wäre, dass es nicht beim Träumen bleibt und Sie ins Handeln kommen. Vielleicht kann dieses Buch Anlass bieten, dass Sie als Eltern, Großeltern, Lehrkräfte, Erzieher:innen oder einfach Bezugsperson eines Kindes Schule mitgestalten, im Kleinen und Großen, und auf diese Weise die Schule zu einem l(i)ebenswerteren und lebendigeren Ort werden lassen. Denn Schule kann so viel mehr.

Anna-Maria Weber ist Lehrerin an der Georg-Büchner-Schule Stadtallendorf. Dieter Bachmann war während ihres Referendariats (2006–2008) dort ihr Mentor für das Fach Geschichte.

DANK

Ein Jahr habe ich jetzt an diesem Buch geschrieben. Manche Leute sagen, das sei ziemlich schnell. Für mich war es eine Odyssee, aber zum Glück hatte ich ja einige tapfere Begleiterinnen, die mir geholfen haben, aus meinen Geschichten und Blitzlichtern ein Buch zu machen.

Beim ersten Teil meiner Arbeit half mir Hannah Golin, meine Texte zu verbessern und sprachlich umzugestalten, um eine Verschriftlichung hinzubekommen. Das hätte ich selber nicht geschafft. Darüber hinaus war sie eine engagierte Gesprächspartnerin, die sich zunehmend auf meine pädagogischen Anliegen einlassen konnte. Danke, Hannah!

Dann möchte ich mich bei Astrid Herbold bedanken, die angetreten ist, um aus meinem Text eine runde Sache zu machen. Mit ganz viel Klugheit hat sie meine Arbeit begleitet und immer wieder erstaunliche Bezüge hergestellt und Spannungsbögen geschaffen. Ihr neugieriges, interessiertes Nachfragen hat bei mir immer neue Erinnerungen wachgerufen, die sie mit viel Geschick in den vorhandenen Text einarbeiten konnte. Danke, Astrid!

Und jetzt kommt die Hauptperson, ohne die das Buch nicht hätte stattfinden können. Marieke Schönian, Sachbuchlektorin des Ullstein Verlages. Marieke, durch deine ruhige Art und wie du Texte von überflüssigem Ballast befreist, hast du das Buch lesbarer gemacht. Du hattest den Film *Herr Bachmann und seine Klasse* im Kino gesehen und mich anschließend angerufen und gefragt, ob ich Lust hätte, über mein Lehrersein ein Buch zu schreiben. Das habe ich mir eigentlich nicht zugetraut, aber du hast mir das nötige Vertrauen vermittelt. Danke, Marieke! Jetzt hast du ein Buch-Baby mehr in die Welt gesetzt und schickst es ins Leben.

Nun kommt Anna Weber, die beste Referendarin, die ich begleiten durfte! Sie ist heute noch eine sehr gute Lehrerin. Pädagogisch gesehen war Anna meine Entdeckerin. Sie hat mir die Welt erklärt, die ich in den Klassen mehr intuitiv als wissend um mich herum mit meinen Schülerinnen und Schülern aufgebaut hatte. Dadurch ist mein pädagogisches Selbstverständnis gewachsen. Als *Herr Bachmann und seine Klasse* den Silbernen Bären der Berlinale gewann, sagte sie zu mir: »Das ist ein historischer Moment.« Danke, Anna!

Danke an meine Freunde Reinhold Vorschneider und Maria Speth, die mir und meinen Schülern dieses filmische Denkmal gesetzt haben. Ohne den Film gäbe es kein Buch. Für den Rest meines Lebens küsse ich euch die Füße! Danke, Maria und Reinhold!

Danke auch an meine Kinder: Ihr seid das größte Geschenk meines Lebens. Lara, Elias und Hannes! Ohne euch hätte ich wohl nie richtig kapiert, was Kindheit und Jugend bedeutet. Ich habe euch lieb! Und freue mich besonders darüber, dass Hannes, mein Jüngster, gerade anfängt zu lesen. Mal sehen, wie er das Buch findet.

Und Dank an alle Schülerinnen und Schüler und natürlich

auch an die Kollegen und Kolleginnen, die ich über die Jahre kennenlernen oder begleiten durfte. Fühlt euch alle hier angesprochen, auch wenn ich euch nicht namentlich nenne. Das würde zu viele Seiten beanspruchen.

Zwei allerdings muss ich doch erwähnen, die mir besonders ans Herz gewachsen sind: Julian Bauer aus meiner Richtsberg-Schulzeit ist inzwischen selbst Vater und sorgt dafür, dass die hängenden Gärten in München vermehrt und am Leben erhalten werden.

Und natürlich Hasan, den viele von euch im Film gesehen haben. Er ist einer der großherzigsten Menschen, die ich kennenlernen durfte. Hasan, ich hab dich lieb und alles Gute für deine Kfz-Lehre. Mach sie bloß zu Ende, sonst box ich dich.

ANHANG

VON LIEDERN UND BIENEN

Eine letzte kleine Geschichte darf in diesem Buch nicht fehlen. Ich habe es schon erzählt, der Übergang von der Schule in die Rente war schwer. Selbst im Wald, zwischen Steinen und Bäumen, wohin ich mich tagelang zurückzog, schien diesmal kein Trost auf mich zu warten. An einem warmen Spätsommertag lag ich mal wieder in meinem Schlafsack auf einer Waldlichtung, es war unglaublich schön und friedlich, aber meine Traurigkeit wollte nicht verfliegen. Ich hatte Emma, die Gitarre, aus ihrer Tasche genommen und sie ein paar Meter entfernt von mir an einen Baum gelehnt. Nun schloss ich die Augen, versuchte an gar nichts mehr zu denken.

Da hörte ich plötzlich zarte Töne. Jemand spielte auf meiner Gitarre! Ich blickte zu Emma und sah, dass sie von einem Bienenschwarm umringt war. Immer wieder streifte offenbar ein winziger Flügel eine Gitarrensaite. Wow, das war ja echt guter Free Jazz! Ich spürte meine Lebenslust langsam zurückkehren. Nicht nur die Bienen hatten eine Botschaft für mich. Auch Emma schien zu mir herüberzurufen: »He, Dieter, lass uns zusammen ein Lied spielen!« Ich stand auf, holte die Gitarre und zupfte zaghaft die Saiten. Dabei wurde es ganz leicht in mir, die Dunkelheit wich, etwas war passiert. Hier folgen nun abschließend ein paar Songs, die ich in den letzten Jahren geschrieben habe. Wer mag, kann sie sich auch anhören, sie sind alle auf YouTube zu finden. Diese Melodien und Texte bedeuten mir viel: Es geht darin um Bilder und Gefühle, die ich in Liedern verdichtet habe, um sie mir von der Seele zu singen und mit einem neuen Publikum zu teilen.

Emma, sing mit uns

(nach einer alten irisch-keltischen Weise, die ersten zwei Strophen
haben die Schülerinnen und Schüler erfunden)

Komm, lass uns singen,
Emma, sing mit uns,
Lass uns singen – sing mit uns!
(2mal)
Von Apfelblüten unter Sternen
Sing mit uns, bitte, Emma sing
mit uns,
Sing mit uns, sing mit uns!

Dann lasst uns tanzen
Im Reigen, an der Hand,
lasst uns tanzen, in Emmas Land.
(2mal)
Im Regenbogen, auf und nieder,
Lasst uns tanzen, in Emmas
Wunderland,
Lasst uns tanzen in Emmas Land!

Komm, tanz mit mir,
Du Königin der Nacht,
Tanz mit mir, du Königin! (2x)
Mit bunten Bändern in den
Haar'n,

Plötzlich, Emma, tanzt du mich
lachend an,
Plötzlich, Emma, tanzt du mich
an! (2mal)

Es wird mir heiß
und kalt und wieder warm,
Es wird mir heiß und wieder
warm. (2mal)
Da spür ich, Emma, deinen Arm,
Kann nicht anders, küsse dich
verliebt,
Worauf du fest dich an mich
schmiegst!

So soll es bleiben, Emma,
Du und ich,
So kann es bleiben – ich liebe
Dich! (2mal)
In Barlaams Heide heute Nacht
Nur ein Vöglein, Emma, uns
bewacht,
Nur ein Vöglein uns bewacht.

YouTube: Dieter Bachmann – Emma, sing mit uns

eine alte Keltische Weise

(...die ersten zwei Strophen
sind von Schülerinnen)

① komm' laß uns singen
Emma sing mit uns
laß uns singen, sing mit uns (2x)
von Apfelblüten unter Sternen
sing mit uns, bitte Emma sing mit uns
sing mit uns... sing mit uns...

② dann laßt uns tanzen
im Reigen an der Hand
laßt uns tanzen... in Emmas Land (2x)
im Regenbogen auf und wieder
laßt uns tanzen in Emmas Wunderland
laßt uns tanzen in Emmas Land...

③ komm tanz mit mir
Du Königin der Nacht
tanz mit mir Du Königin (2x)
mit bunten Bändern den Haar'n
plötzlich Emma tanzt Du mich lachend an
plötzlich Emma tanzt Du mich an...

④ es wird mir heiß und kalt und wieder warm
es wird mir heiß und wieder warm (2x)
da spür' ich Emma Deinen Arm
kann nicht anders
Küsse Dich verliebt...
worauf Du fest Dich an mich schmiegst

⑤ so soll es bleiben, Emma du und ich
so kann es bleiben, ich liebe Dich (2x)
in Barbaran's Heide tiefe Nacht
nur ein Vöglein Emma uns bewacht
nur ein Vöglein uns bewacht...

Rottweil

Unten in der Neckarau,
Ich weiß nicht, ob ich träume,
Voll Zauber und im bunten
Reigen
Unerhörtes Narrentreiben,
Schellenring und Flötenklang,
Der Tag wird gut, der Tag wird
lang!
Anton war ein Bauernbursch,
und schon seit vielen Jahren
hütet er tagein tagaus
seine wilden Schafe,
Da kam der Jakob von der Burg,

wenngleich auch wohlgeboren,
half er dem Anton gerne mal,
die Schafe einzuholen.

Refrain:
Da ging der Tag zu Ende,
Die Nacht breitet sich aus,
Eichen warfen ihre Kraft
Weit ins Tal hinaus,
Tief in den Wäldern singen
Nachtvögelein,
Silberelfen leuchten
Blau in ihrem Schrein.

Rottweil

unten in der Neckarau
ich weiß nicht, ob ich träume
voll Zauber und im bunten Reigen
unerhörtes Narrentreiben
Schellenring und Flötenklang
der Tag wird gut, der Tag wird lang

Anton war ein Bauernbursch
und schon seit vielen Jahren
hütet er taglein, tagaus
seine wilden Schafe
da kam der Jakob von der Burg
wenngleich auch wohlgeboren
half dem Anton gerne Mal
die Schafe einzuholen!

Refr.: da ging der Tag zu Ende
die Nacht breitet sich aus
Eichen werfen ihre Kraft
weit ins Tal hinaus
tief in den Wäldern singen
Nachtvögelein
Silberelfen leuchten
blau in ihrem Schein...

Die Tage waren jung und schön
In der alten Neckarau.
Über Muschelkalk erhob sich
stolz
Die Freie Stadt Rottweil,
Und es kam so, wie es kommen
musst,
Eines Tages war's Einerlei,
Sie hatten sich ganz sanft berührt
und liebevoll verführt.
Dann sprangen sie weit in den
Fluss
und schrien laut vor Glück,
Nur der Neckargott bot ihnen
Schutz.

Refrain: Da ging der Tag zu
Ende ...

Betrunken und voll Hass und Wut
Der Burggraf kam geritten

Aus der Neckarburg den Fluss
hinab
Mit seinen derben Knechten.
Den Anton ließ er jagen dann
Und an die Zinnen ketten,
Da stieß der Jakob seinen Dolch
Dem Vater in die Rippen.
Als dann der tot vom Pferde fiel,
Der Jakob ward gefangen.
Wie's weiterging, wohl niemand
weiß
Versteckt in dunkler Vergangen-
heit.
Doch lange noch,
Doch lange noch
In Tränen fließt der Neckargott!

Unten in der Neckarau
Geschah eine Geschicht,
Die hat schön angefangen
Und endete so nicht.

YouTube: Dieter Bachmann – Rottweil 2. Version

die Tage waren jung und schön
in der alten Neckarau
über Muschelkalk erhob sich stolz
die Freie Stadt Rottweil
und es kam so wie es kommen mußt
eines Tag's war's einerlei:
sie hatten sich ganz sanft berührt
und liebevoll verführt!
dann sprangen sie weit in den Fluß
und schrien laut vor Glück...
nur der Neckargott bot ihnen Schutz

<u>Refr.:</u> da ging der Tag zu Ende...

betrunken und voll Haß und Wut
der Burggraf kam geritten
aus der Neckarburg
den Fluß hinab
mit seinen derben Knechten
den Anton ließ er jagen dann
und an die eisernen Ketten...
da stieß der Jakob seinen Dolch
dem Vater in die Rippen!
alsdann der tot vom Pferde fiel
der Jakob ward gefangen
doch wie's weiterging wohl Niemand weiß
versteckt in dunkler Vergangenheit
und lange noch und lange noch
in Tränen fließt der Neckargott!
...unten in der Neckarau
geschah eine Geschicht',
die hat schön angefangen
und endete so nicht...

Pegasus

Und ich schau zugleich
Ein zerrissener Typ vielleicht
Zur Sonne hoch
Durch mein Kaleidoskop

Da verschieben Kreise
bunte Rauten, Dreiecksteile
Sensationen, mühelos!

Unglaublich wird so vieles
Wutschnaubend da ein Stier ist
und ein Pferd mit Flügeln,
riesengroß

Refrain: Und es fliegt hoch
hinaus
weit weit, ganz weit

Und ich schau zugleich
Ein zerrissener Typ vielleicht
In vollen Monden magisch weit

und ich mal vielleicht
Ein zerrissener Typ zugleich
Sternenbilder in die Ewigkeit

Dann flieg ich vielleicht
Kunterbunt und göttergleich
Wie ein Pegasus ins Sonnenfeu-
erreich!

Hoch hinaus
Weit weit, ganz weit

YouTube: Dieter Bachmann – Pegasus

Pegasus

und ich schau zugleich
ein zerriss'ner Typ vielleicht
zur Sonne hoch...
durch ein Kaliedoskop

da verschieben Kreise
bunte Rauten, Dreiecksteile...
Sensationen mühelos!

unglaublich sind so Vieles,
weitschraubend da ein Stier ...
und ein Pferd mit Flügeln riesengroß

Refrain: und es fliegt...
noch hinaus... weit, weit hinaus...

und ich schau zugleich
ein zerriss'ner Typ vielleicht
in vollem Monde magisch weit

und ich mal' vielleicht
ein zerriss'ner Typ zugleich
Sternenbilder in die Ewigkeit...
dann flieg' ich vielleicht
Kunterbunt und göttergleich
wie ein Pegasus ins Sonnenfernereich

Refrain: noch hinaus... weit, weit ganz weit
noch hinaus... weit, weit ganz weit

Das Teelichtreservat

Wir steh'n morgens auf
Du kochst uns den Tee
Deine Füße berühren meine
Zeh'n
Nur du in deinem Teelichtson-
nenreich
Nur du mit mir allein
Die Nacht ist noch warm
In deinem Arm
Endlos warm und weich
Ich spüre noch wie dein Atem
verschlägt
Deine Lust auf mich übergeht

Und noch einen Tee aus deiner
Hand
Bernsteinfarben schön
Das spült alles fort
Was nicht zu uns gehört
In deinem Teelichtreservat

Dann kann ich nicht anders, ich
muss es dir sagen
Flüstere in Dein Ohr
Zögernd – doch dann sag ich's
tausendmal bestimmt
Du berührst mich immer mehr.

Einen letzten Tee,
Als wir schließlich geh'n
Ich kann es deutlich seh'n
Zwischen dir und mir, ganz fest
gespannt
Ein breites rotes Band,
Wie küsst du mich sanft
Unendlich sanft,
Drückst dabei meine Hand
Ich atme dich ein
Wir atmen vereint
Dann sind wir Frau und Mann

YouTube: Marburger Abend Dieter Liedermacher

Das Teelichtreservat

(288. Marburger Abend: Dieter-Liedermacher auf youTube eingeben!

Ⓐ Wir steh'n morgens auf
Du kochst uns oben Tee
Deine Füße berühren meine Zehn
nur Du in Deinem Teelichtsonnenreich
nur Du mit mir allein!
die Nacht ist noch warm in Deinem Arm
endlos warm und weich
ich spüre noch wie Dein Atem verschlägt
Deine Lust auf mich übergeht!

Und noch einen Tee aus Deiner Hand
bernsteinfarben schön
das spült alles fort
was nicht zu uns gehört
in Deinem Teelichtreservat
dann kann ich nicht anders
ich muß es Dir sagen, flüstre in dein Ohr
Zögernd doch dann sag' ich's tausendmal bestimmt
Du berührst mich immer mehr...

einen letzten Tee als wir schließlich geh'n
ich kann es deutlich seh'n...
zwischen Dir und mir ganz fest gespannt
ein breites rotes Band!
wie küsst Du mich sanft unendlich sanft
drückst dabei meine Hand
ich atme Dich ein... Wir atmen vereint...
dann sind wir Frau und Mann!

Der große Bestseller für alle, die keine Erziehungsratgeber mögen

Die erfahrene Psychotherapeutin Philippa Perry erzählt berührend von ihrer Arbeit und ihrem Familienleben und verrät, wie wir schmerzliche Erfahrungen aus der eigenen Kindheit nicht weitergeben, sondern heilen. Wenn wir uns bewusst machen, dass unsere eigene Erziehung das Verhältnis zu unseren Kindern beeinflusst, können wir aus Fehlern lernen – und sie wiedergutmachen. Wir erfahren, wie wir aus negativen Verhaltensmustern ausbrechen und mit impulsiven Gefühlen umgehen.

»Philippa Perry hat ein sehr kluges, geradezu weises Buch geschrieben.« taz

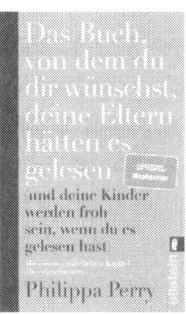

Philippa Perry
Das Buch, von dem du dir wünschst,
deine Eltern hätten es gelesen
(und deine Kinder werden froh sein, wenn du es gelesen hast)

Aus dem Englischen von Karin Schuler
Taschenbuch
Auch als E-Book erhältlich

www.ullstein.de

ullstein

Wie viel Eltern braucht ein Kind?

Bestsellerautorin Nora Imlau über ein Thema, das alle Eltern beschäftigt: Wie können wir unsere Kinder in gute Hände geben? In welche Kita kommt mein Kind? Ab welchem Alter? Welche Schule wählen wir aus? Wie erkenne ich eine gute Einrichtung? Wie mit den Großeltern umgehen, die mithelfen und oft ganz andere Vorstellungen haben? Ob Kleinkind oder Teenager, wir möchten unsere Kinder geborgen und gut betreut wissen – wie kann uns das gelingen?

Nora Imlau, selbst Mutter von vier Kindern, lotet aus, wie Eltern den sensiblen Spagat zwischen Schützen und Loslassen schaffen. Sie zeigt anhand vieler alltagspraktischer Beispiele, wie Familien ein Bindungsnetz knüpfen können, das sie bereichert und trägt.

Nora Imlau
In guten Händen
Wie wir ein starkes Bindungsnetz für
unsere Kinder knüpfen

Hardcover mit Schutzumschlag
Auch als E-Book erhältlich

www.ullstein.de

ullstein

Hefte raus, Diktat! Hier kommt Deutschlands witzigster Lehrer.

So komisch ist selten über den Schulalltag geschrieben worden! Comedian Herr Schröder feiert seine Schüler für ihre sprachliche Kreativität, wenn sie ihn als »Korrekturensohn« oder »Lauchlehrer« bezeichnen. Beleidigungen auf dem Schulhof findet er völlig in Ordnung – solange sie im dreihebigen Jambus erfolgen. Herr Schröder war früher selbst Deutschlehrer. Als Pauker mit Pultstatus hat er die Seite gewechselt und packt aus: über den intellektuell barrierefreien Unterricht, die Streitschlichter, die sich im Gang prügeln, über die Schulhof-Lebenserwartung heutiger Pubertiere und die Angst der Eltern, ihr Justin-Maddox habe wahrscheinlich ADAC ...

Herr Schröder
World of Lehrkraft
Ein Pädagoge packt aus

Taschenbuch
Auch als E-Book erhältlich
www.ullstein.de

ullstein